Sourire et philosophie

Sa Sainteté le Dalaï-Lama

Sourire et philosophie

Textes réunis par José Ignacio Cabezón
Traduit de l'anglais par Marianne Coulin
Directrice d'ouvrage: Aline Apostolska

Stanké

Données de catalogage avant publication (Canada)

Tendzin Gyatso, dalaï-lama XIV, 1935-

   Sourire et philosophie : l'esprit de Bodhgaya

   ISBN 2-7604-0723-3

   1. Tendzin Gyatso, dalaï-lama XIV, 1935- – Entretiens.   2. Vie spirituelle – Bouddhisme.   3. Philosophie bouddhique. 4. Dalaï-lamas – Entretiens. I. Titre.

BQ7935.B777B772 2000   294.3'923'092   C00-940155-5

Les Éditions internationales Alain Stanké remercient Conseil des Arts, le ministre du Patrimoine canadien et la Société de développement des entreprises culturelles pour leur soutien financier.

© Snow Lion Publications, H.H. the Dalai Lama, *The Bodhgaya Interviews*.
© 1999, Éditions Ramsay pour la traduction française.
© 2000, Les Éditions internationales Alain Stanké et les Éditions Ramsay pour le Canada uniquement.

ISBN 2-7604-0723-3

Dépôt légal: Bibliothèque nationale du Québec, 2000.

Les Éditions internationales Alain Stanké
615, boulevard René-Lévesque Ouest, bureau 1100
Montréal (Québec) H3B 1P5
Téléphone: (514) 396-5151
Télécopieur: (514) 396-0440

Internet: www.stanke.com
Courriel: editions@stanke.com

IMPRIMÉ AU QUÉBEC (Canada)

Préface

De tous les lieux saints du bouddhisme, le plus important est sans doute Bodhgaya. À peine un village, situé dans les faubourgs de Gaya, l'une des plus grandes villes de l'État du Bihar (au nord de l'Inde). Bodhgaya n'en attire pas moins les pèlerins bouddhistes depuis des siècles. Ces dernières années, le Dalaï-Lama a pris l'habitude d'y venir passer plusieurs jours en résidence en janvier ou en février. Des bouddhistes du monde entier se rassemblent alors pour écouter les enseignements de Sa Sainteté et partager prière et méditation. Pour les bouddhistes tibétains en exil tout particulièrement, qui affluent alors par milliers, pour les bouddhistes indiens des régions frontalières du Ladakh ou de l'Arunachal Pradesh, c'est l'occasion d'accomplir un pèlerinage sur le lieu d'éveil du Bouddha, de prier, de se prosterner sous l'arbre de la Bodhi, de déambuler autour du temple principal, mais aussi de prendre part à toutes les pratiques proposées durant la visite du Dalaï-Lama, source d'inspiration et incarnation des principes actifs et vivants du bouddhisme.

Pour la communauté des bouddhistes occidentaux, l'hiver à Bodhgaya est aussi un temps de joie, une occasion de retrouver de vieux amis et surtout de pratiquer l'entraînement de l'esprit. Des cours de méditation sont dispensés en tibétain par Sa Sainteté, accompagnés généralement d'une traduction en anglais. Depuis 1981, Sa Sainteté accorde également une fois par an une entrevue spéciale à un groupe d'Occidentaux.

Ces entretiens, qui ont tous pris la forme d'échanges de questions-réponses, ont parfois été tenus à l'issue d'une retraite de méditation, et seuls ceux qui avaient participé à la retraite pouvaient y assister (c'est le cas, par exemple, de l'entretien de 1982). Mais, de manière générale, les sessions étaient publiques et elles ont presque toutes eu lieu au centre tibétain de Bodhgaya.

Étant donné leur caractère spontané, ces entretiens ont tendance à varier d'une année à l'autre quant à l'humeur et au contenu. Ils n'en ont pas moins une qualité commune, à savoir la profondeur des propos et la réflexion qu'ils proposent sur les préoccupations des participants, bouddhistes ou non. Les questions, très variées, mettent en évidence les problèmes auxquels nous sommes tous confrontés aujourd'hui : de la doctrine sur la vacuité au port de la robe de moine dans le monde d'aujourd'hui, de la physique des particules, jusqu'à la politique, la psychologie et les tantras. En bref, nous trouvons dans ces quelques pages toute la gamme des préoccupations humaines, tant religieuses que séculières.

J'étais moi-même présent lors du premier entretien (1981) et j'ai servi d'interprète pour le quatrième (1984). En 1984, alors que je m'apprêtais à publier ce dernier entretien, m'avisant du caractère unique de ces rencontres, je me suis dit qu'il serait encore plus intéressant de réunir tous les entretiens de Bodhgaya réalisés à ce jour en un seul volume. J'en ai donc écouté les enregistrements avec une extrême attention, notamment les passages où le Dalaï-Lama s'exprimait en tibétain, afin d'être le plus exact possible et d'éviter les omissions dues à la traduction spontanée. Puis j'ai mis le texte en forme, en m'efforçant de le remanier le moins possible afin de préserver, autant que faire se peut, la saveur originelle de ces dialogues.

Nos remerciements s'adressent en tout premier lieu à Sa Sainteté le Dalaï-Lama pour nous avoir donné l'occasion de lui poser nos questions et pour sa manière d'y répondre, qui a grandement encouragé la discussion. Je tiens également à remercier le docteur Alex Berzin et le professeur Jeffrey Hopkins qui ont fait office d'interprètes pour l'entretien de 1981 et pour ceux de 1982 et 1985, ainsi que Joyce Murdoch qui m'a rendu un grand service en mettant si gentiment à ma disposition les transcriptions des entretiens qu'elle possédait. Enfin, le Vénérable Thubten Pemo et Sheila Kim m'ont aussi beaucoup aidé en saisissant les versions initiales de ce texte.

J'espère que ce petit travail donnera au lecteur un aperçu de ces journées d'hiver à Bodhgaya, un moment très privilégié dans un lieu très privilégié ! Des journées sous le soleil à écouter les paroles de Sa Sainteté et des nuits passées dans le scintillement des milliers de bougies que les fidèles déposent avec dévotion devant le principal temple bouddhique. En vérité, rien n'inspire de plus grande nostalgie que de tels moments sacrés.

Que ce travail contribue à briser les barrières qui séparent les êtres humains, à développer la compassion et la sagesse dans le monde entier.

JOSÉ IGNACIO CABEZÓN [1]
West Hartford, Connecticut, automne 1987.

---

1. José Ignacio Cabezón, professeur titulaire à l'université de l'État de l'Ohio, a publié plusieurs ouvrages sur la philosophie bouddhiste. Il a vécu de longues années au sein de la communauté tibétaine exilée en Inde et fut l'interprète de Sa Sainteté le Dalaï-Lama en Inde et aux États-Unis.

Introduction

Rencontrer un Océan de Sagesse n'arrive pas tous les jours et ne peut laisser indifférent. Mais le Dalaï-Lama, dont le nom signifie littéralement « Océan de Sagesse », ne donne jamais l'impression que sa proximité va vous engloutir. Au contraire, les ondes de son esprit, celles de son sourire et de son humanisme, ont sur vous l'effet d'une eau régénérante et nourricière. Que vous soyez un bouddhiste convaincu ou simplement un curieux de passage, il fait partie de ces êtres dont le charisme vous réconcilie avec vous-même, et donc avec autrui, vous insuffle la foi en une possible ouverture, en un dépassement des limites de votre personnalité, mais surtout de celles dont vous aviez jusque-là protégé votre muscle cardiaque.

Il apparaît éminemment érudit, d'une érudition curieuse, vive, multiple. À l'écouter parler de Jésus, on se réconcilie avec les valeurs fondamentales du christianisme, avec l'impression de n'avoir jamais entendu cette version-là de l'histoire. À l'écouter discuter de physique quantique, on découvre que le bouddhisme a depuis longtemps abordé la question, même si ce n'est que d'un point de vue théorique, comme il a réfléchi puis mis au point des thérapies, sur le terrrain de la psychologie appliquée ou de certaines pathologies. À l'écouter parler politique, ce qu'il évite néanmoins de faire directement, on en conclut que la démocratie tibétaine n'est peut-être pas tout à fait au point, mais que cet homme-là a toutes les chances de nous rassurer sur notre propre conception de la chose publique. À l'entendre rire et faire de l'humour, on se persuade que l'espoir reste une denrée précieuse et le bonheur, sans doute, un long chemin.

Le Dalaï-Lama est érudit et sage et, comme tous les grands érudits sages, il est surtout à l'écoute des autres. Peut-être est-ce là une de ses principales qualités de cœur, doublée du don de savoir, en conséquence, se mettre immédiatement au niveau et à la portée exacte de son interlocuteur. Rassurant et paternel avec les Tibétains qui le voient toujours comme une réincarnation d'Avalokiteshvara, il devient philosophe avec les philosophes, moine avec les moines, perspicace avec les détracteurs, subtil avec les universitaires et les congressistes, simple avec le public, clair et précis quand il répond aux pèlerins et auditeurs qui, par centaines, de plus en plus nombreux, à chaque saison de l'année, font le voyage *pour le rencontrer et écouter ses enseignements, chez lui à Dharamsala, mais aussi en France, en Allemagne, aux États-Unis, au Canada. Il est présent, et sa parole est toujours limpide. D'un flux clair qui rafraîchit. Qui réveille, au moins, puisque l'éveil ne vient pas du premier coup.*

Parmi les lieux où l'on peut le rencontrer, Bodhgaya reste tout à fait à part. Déjà parce qu'il faut faire le voyage jusqu'en Inde, en janvier ou février selon les années et les lunaisons. Ensuite parce que, pour aller à Bodhgaya, il faut généralement d'abord aller à Bénarès et que, une fois à Bénarès, après avoir contourné les vaches et échappé à l'hystérique assaut de la rue, il faut avoir réussi à accéder au fleuve, ou plutôt à Elle, Ganga, la mère de tous les fleuves, mère de l'Inde et de l'élément eau lui-même. Parvenu là, sur les berges radieuses baignées d'une eau ocre vert, au milieu des ablutions et des offrandes de fleurs matinales, hypnotisé par les sadhu et les effluves des crémations ininterrompues, il faut savoir se laisser emporter. Peu importe la foule compacte, le bruit, le fanatisme ambiant, les agrippe-touristes prêts à s'entre-tuer. À Bénarès, lorsqu'on a tout oublié, comme les guirlandes orange à la surface du fleuve, émerge une puissante odeur d'originel, d'archaïque, d'atemporel et d'immuable qui vous prend au ventre, par le nombril d'abord. Bénarès, cœur de l'hindouisme millénaire, patrie de Bouddha, et pourtant loin, très loin de lui.

Alors il faut repartir. Sur les traces de Siddharta justement. Soixante kilomètres vers l'est, quelque huit heures d'autobus à travers ces villages indiens si chers à Gandhi dont les cendres furent jetées non loin de là, à l'intersection de la Yamuna et du Gange. Bodhgaya, à côté de Gaya, à quelques heures de route encore, vous attend. Haut lieu du bouddhisme car c'est là que Siddharta atteignit l'éveil sous un figuier, devenant ainsi le Bouddha, l'Éveillé. L'atmosphère y est très différente, le bouddhisme, loin de ses sources hindoues, méconnaissable : dévotion, ferveur, monumental stoupa qui vous accueille à côté d'un figuier – ce n'est pas le figuier, *bien sûr, mais quand même son petit-fils, de près de mille ans d'âge – et des milliers de pèlerins emplissant la ville le temps de fêter la naissance du Bouddha. Gaieté et chaleur des instruments de musique, des moulins et des drapeaux à prière, des prosternations.*

Beaucoup d'Occidentaux ont réussi à franchir les différentes étapes et se mêlent aux autres pèlerins. Beaucoup d'Américains et d'Européens du Nord, très peu de Français, comme toujours, la proportion ne changeant guère à Dharamsala, lieu de résidence du Dalaï-Lama et de son gouvernement en exil. Beaucoup de bouddhistes, pas seulement tibétains, la communauté sud-asiatique trouvant là une occasion de retrouvailles. Et, bien sûr, énormément de Tibétains.

Exilés vivant en Inde depuis deux ou trois générations et qui, au moins une fois dans leur vie, font le pèlerinage.

Mais aussi, émouvante présence des Tibétains venus du Tibet, échappés momentanément à leur calvaire quotidien sous l'oppression chinoise destinée à les annihiler en tant que Tibétains, à annihiler leur religion, leur langue, leur culture, et même leur possibilité de procréation et de descendance. Horreur quotidienne systématique et efficace, organisée pour les rayer de la carte de l'humain. Leur présence est touchante, troublante, d'autant que certains ont réussi à faire passer leurs enfants par-delà l'Himalaya à l'occasion de ce pèlerinage parcimonieusement toléré et qu'ils les confieront, pour qu'ils survivent et ne perdent pas leurs racines, à l'un des huit TCV (Tibetan Children Villages) chargés d'élever et d'éduquer les jeunes Tibétains sous l'égide de la sœur du Dalaï-Lama. Et si le bouddhisme aujourd'hui nous est si nécessaire, si nous n'en voyons que les aspects qui nous satisfont le plus derrière la carte postale des « 3 M » – Moines, Montagnes, Mysticisme – que les Tibétains pour leur part décrient, il reste essentiel de ne pas oublier que l'expansion de la pensée bouddhiste, sa philosophie dont nous sommes si friands, cache l'inexorable disparition d'un peuple qui ne saurait survivre longtemps aux massacres, pas plus qu'à l'exil...

« Océan de sagesse » est là lui aussi, pèlerin parmi les pèlerins. À lui seul, il incarne le Tibet et le bouddhisme vivants. Indissociables. Après les cérémonies nombreuses, les festivités, il réserve un moment pour répondre au public, sans même savoir qui se trouve là. Il est disponible, attentif, parfaitement calme. Parfaitement accessible. Installé sur son estrade non loin du figuier mythique, il s'adonne à cette tradition propre à l'enseignement bouddhiste, les questions-réponses. Au fond, c'est comme un résumé du bouddhisme, ou plutôt une introduction, car les questions qui fusent sont celles que tout un chacun s'est posées s'il a pensé au bouddhisme sans pour autant s'y convertir. « Océan de Sagesse », de toutes les façons, ne les y encouragera pas.

C'est au nom de cette atmosphère, de ce lieu unique, de cette spontanéité, de la clarté de cet enseignement que nous avons décidé de publier ces entretiens de Bodhgaya réunis par un fidèle du Dalaï-Lama, José Ignacio Cabezón. Datés de 1981 à 1985, ils restent d'une actualité véritable. Limpides et régénérants comme le rire du Dalaï-Lama.

ALINE APOSTOLSKA
Paris, mai 1998.

Premier entretien

La première question émanant du public porte sur l'intégration possible du christianisme et du bouddhisme. Comme à son habitude, le Dalaï-Lama y répond en exaltant la diversité religieuse, qu'il présente comme un bienfait. Il se garde de vouloir convertir quiconque au bouddhisme, insistant sur l'idée que chacun doit d'abord connaître sa culture religieuse originelle et s'y référer en priorité. Les grandes religions convergent dans leur objectif qui est d'ouvrir et d'améliorer la conscience humaine, même s'il peut y avoir entre elles des conflits d'idées, par exemple l'idée d'un Dieu créateur, centrale dans les trois religions monothéistes et absente de la philosophie bouddhiste. Le Dalaï-Lama nous encourage à suivre notre propre voie spirituelle, l'essentiel étant de devenir des êtres humains meilleurs. Pour atteindre le nirvâna – la libération ultime –, il faut comprendre la réalité, c'est-à-dire la vacuité.

Il revient sur la vacuité à propos du sens de

l'expression « existence inhérente », nous incitant à réfléchir sur la nature des phénomènes. Cette question reste essentielle, le bouddhisme considérant que les phénomènes ne sont qu'apparence et illusion, qu'ils n'ont aucune existence. La vacuité demeure la seule vérité.

Opérant un rapprochement entre les enseignements du Bouddha et les découvertes de la science occidentale contemporaine, notamment sur des sujets comme l'espace et les particules élémentaires, le Dalaï-Lama montre tout d'abord qu'il connaît extrêmement bien ces questions et qu'il en suit l'évolution de très près. Il rappelle qu'en l'espèce l'approche bouddhiste reste théorique et non empirique, et que l'attitude bouddhiste fondamentale consiste à toujours accepter la réalité. Ainsi, s'il était scientifiquement prouvé que la réincarnation n'existe pas, le bouddhisme devrait intégrer cette réalité et révolutionner sa structure.

Concernant la spécificité des pratiques tantriques présentes dans le bouddhisme tibétain, il les justifie en expliquant qu'elles permettent aux méditants d'atteindre l'éveil plus rapidement que par d'autres moyens d'accès à la conscience. Néanmoins, il tient à mettre en garde contre les difficultés de la voie tantrique, qui n'est pas selon lui appropriée au tout-venant, malgré son aspect séducteur.

Il clôt cet entretien par des conseils à mettre en

*œuvre au quotidien : aider tous les êtres humains,
poursuivre de son mieux sa pratique au sein même
de la société, privilégier l'harmonie, l'amitié et le
respect mutuel.*

SA SAINTETÉ. – Bienvenue à vous tous. Je suis très heureux de vous rencontrer ici et je suis ouvert à vos questions. À part cela, je n'ai rien à dire.

Pensez-vous qu'une intégration du christianisme et du bouddhisme soit possible en Occident ? Une religion mondiale pour la société occidentale [1] ?

SA SAINTETÉ. – Tout dépend de ce que vous entendez par intégration. Si vous y voyez la possibilité d'intégrer le bouddhisme et le christianisme dans une société où ils coexisteraient, alors je répondrai par l'affirmative. Mais si cette combinaison signifie pour vous que l'ensemble de la société suivrait une religion syncrétique qui ne serait ni le bouddhisme pur ni le christianisme pur, je dirai alors que cette forme d'intégration est peu plausible.

Bien sûr, il est possible que, dans un pays à prédominance chrétienne, des gens choisissent

_____

1. Les questions et réactions des intervenants sont en italique.

de suivre le bouddhisme. Je pense qu'une personne qui a été élevée dans la tradition chrétienne, qui accepte l'idée d'un Dieu, qui croit en Dieu, peut très bien intégrer dans sa pratique des idées et des techniques bouddhistes. Les enseignements de l'amour, de la compassion et de la bonté sont présents dans le christianisme comme dans le bouddhisme, particulièrement dans le Véhicule des bodhisattvas qui met l'accent sur la compassion, la bonté, etc. Ces enseignements peuvent être pratiqués aussi bien par des chrétiens que par des bouddhistes. On peut concevoir qu'une personne engagée dans le christianisme souhaite en même temps suivre un entraînement à la méditation, à la concentration et à la stabilisation de l'esprit, de même qu'on peut rester chrétien, et choisir de mettre en pratique les idées bouddhistes. C'est une voie d'intégration tout à fait possible, et même viable.

Y a-t-il conflit entre les enseignements du Bouddha et l'idée d'un Dieu créateur qui existerait indépendamment de nous ?

SA SAINTETÉ. — Si nous examinons le but ultime des religions du monde dans la perspective la plus large possible, nous découvrons que toutes les grandes religions du monde, qu'il s'agisse du christianisme, de l'islam, de l'hindouisme ou du bouddhisme, visent à atteindre un bonheur humain permanent. Elles ont toutes le même objectif. Toutes les religions insistent sur la nécessité d'être honnête et bon. En somme, elles nous disent qu'une personne vraiment religieuse devrait toujours essayer de s'améliorer. Et comme toutes ces religions enseignent des techniques qui aident à transformer la personne, elles sont à cet égard identiques, il n'y a pas de conflit. Il convient de le souligner. Nous devons considérer la question de la diversité religieuse dans cette perspective-là ; dès lors, il n'y a pas de conflit.

D'un point de vue philosophique, la théorie selon laquelle Dieu est le créateur, qu'il est omnipotent et permanent, est en contradiction avec les enseignements du Bouddha. Là, il y a désaccord. Pour les bouddhistes, l'univers n'a pas de cause première et, par conséquent, pas de créateur, pas plus qu'il ne peut y avoir d'être pur et permanent à l'origine. Sur ce point, au plan doctrinal, il y a conflit. Les idées sont contradictoires. Mais si nous considérons le but de ces diverses philosophies, nous voyons qu'elles sont toutes semblables. Voilà ce que je crois.

Il existe quantité de mets aux saveurs très variées : certains sont épicés, d'autres amers, d'autres encore très doux. Il y a des goûts opposés, conflictuels. Mais qu'un plat soit préparé pour être doux, amer ou épicé, il n'en est pas moins fait pour être bon. Certains, dont une majorité d'Indiens et de Tibétains, adorent les plats très pimentés. D'autres préfèrent les saveurs moins fortes. Une telle variété est merveilleuse. C'est une expression de l'individualité ; quelque chose de personnel.

De même, la variété des philosophies religieuses du monde est quelque chose de très utile et de très beau. Pour certains, l'idée que Dieu est le créateur et que tout dépend de sa volonté est bénéfique et apaisante, c'est pourquoi cette doctrine leur convient. Pour d'autres, l'idée qu'il n'y a pas de créateur, qu'en définitive chacun de nous est soi-même un créateur – dans le sens où tout dépend de nous – est plus adaptée. Ce sera alors une méthode de croissance spirituelle plus efficace et plus bénéfique. Pour une personne donnée, cette dernière idée est meilleure tandis que, à une autre, la première convient mieux. Vous voyez, il n'y a pas de conflit, pas de problème. Telle est en tout cas ma conviction.

Il faut savoir qu'il y a aussi des doctrines contradictoires dans le bouddhisme. Les écoles *mâdhyamaka* et *chittamatra*, deux branches de la philosophie bouddhique, acceptent la théorie de la vacuité. Quant aux écoles *vaibhâshika* et *sautrântika*, deux autres de ces branches, elles acceptent une autre théorie, la théorie du non-soi, qui, strictement parlant, diffère de la doctrine de la vacuité telle que les deux écoles supérieures l'ont présentée. Il y a donc une différence,

certaines écoles acceptant la vacuité des phénomènes et d'autres non. De même, au sein même
des deux écoles supérieures, il y a des divergences dans la façon d'expliquer la doctrine de
la vacuité. Chez les tenants du *chittamatra*, la
vacuité est exposée en termes de non-dualité du
sujet et de l'objet, tandis que les *mâdhyamika*
réfutent l'idée selon laquelle la vacuité serait de
l'idéalisme et que tout serait de nature spirituelle. Vous voyez donc que, même dans le
bouddhisme, les écoles *mâdhyamaka* et *chittamatra* sont en conflit. Quant aux *mâdhyamika*,
ils sont à leur tour divisés en *prâsanguika* et *svâtantrika*, et il y a également des conflits entre ces
deux branches. Contrairement aux tenants du
prâsanguika, les *svâtantrika* considèrent que les
choses existent en vertu de caractéristiques inhérentes.

Comme vous le voyez, les conflits dans le
domaine philosophique n'ont rien de surprenant.

*Pourriez-vous nous expliquer ce que signifie
« existence inhérente » et nous exposer les différents points de vue sur la question ? Contrairement aux autres écoles bouddhiques, les* mâdhyamika-prâsanguika *affirment qu'il n'y a pas
d'existence inhérente. Qu'en est-il de ces contro-
verses et comment arriver à comprendre et à
dépasser cette illusion, l'existence inhérente ?*

SA SAINTETÉ. – L'expression « existence inhérente »
revêt différents sens. Elle sert parfois à désigner
la nature des choses. Par exemple, nous appelons
« chaleur » la nature du feu, « fluidité » la nature
de l'eau. Lorsque nous utilisons les termes « existence inhérente » dans ce sens, c'est-à-dire comme
synonymes de « nature », nous nous référons à des
choses existantes. Mais il y a une forme d'existence inhérente qui n'existe pas, et c'est tout
l'objet de l'analyse des *mâdhyamika*. Ce qu'ils
critiquent, c'est la notion selon laquelle les choses
existent en soi, par elles-mêmes, de manière indépendante. L'existence inhérente que les philosophes *mâdhyamika* réfutent est avant tout une
forme d'existence qui ne dépendrait pas d'une
dénomination conceptuelle, où la chose appelée ne
dépendrait pas de la pensée conceptuelle pour
exister, où elle existerait en vertu d'une nature ou
d'une essence qui lui serait propre. À l'exception
des *prâsanguika*, toutes les autres écoles bouddhiques affirment que les phénomènes ne sont pas
simplement désignés par la pensée conceptuelle,
mais qu'on doit pouvoir les trouver dans l'objet
lui-même, quelque chose qui *serait* l'objet, un
double de l'objet. Voilà ce que signifie accepter la
notion d'existence inhérente. Quant aux *prâsanguika*, ils affirment que les phénomènes existent
simplement en tant qu'entités dénommées par la
pensée conceptuelle – qu'il n'y a rien à trouver
dans l'objet qui *soit* l'objet lui-même.

Comment la vue erronée selon laquelle les choses existent par elles-mêmes fonctionne-t-elle ? Car tout ce qui apparaît à l'esprit semble vraiment exister par lui-même. Par exemple, quand vous me regardez, quand vous regardez le Dalaï-Lama, j'apparais comme ayant une existence indépendante, comme existant par moi-même. Le Dalaï-Lama assis sur le coussin n'apparaît pas du tout comme une simple matérialisation de la pensée conceptuelle, n'est-ce pas ? Il n'apparaît pas comme une entité représentant simplement une idée, mais semble au contraire exister dans l'objet lui-même. Maintenant, si cet objet existait réellement tel qu'il vous apparaît, vous devriez, en le cherchant, pouvoir trouver le vrai Dalaï-Lama. Il faut donc nous demander si, lorsque nous cherchons cet objet, il peut être trouvé ou non. Si l'objet demeure introuvable lorsqu'on le cherche, il faut en conclure qu'il n'existe pas par lui-même, et que si un nom sert à le désigner, celui-ci n'est pas fondé sur quelque chose qui, quelque part, serait l'objet. Ce qui nous amène à conclure que l'objet n'existe pas tel qu'il nous apparaît et qu'on peut même se demander s'il existe vraiment.

Cela dit, les choses ne sont pas totalement non-existantes. Elles existent sur un plan relatif. Les choses existent, mais leur existence n'est pas le fondement de leur désignation. Par conséquent, bien qu'elles existent, du fait qu'elles n'existent pas dans l'objet en soi, elles n'existent que dans la mesure où elles sont désignées par le sujet (l'esprit, par exemple). Il n'y a pas d'autre façon d'exister pour l'objet que la façon dont il est énoncé par la pensée conceptuelle. C'est ce que nous voulons dire quand nous affirmons que les phénomènes ne sont que des énonciations de la pensée conceptuelle. Pourtant, les choses ne nous apparaissent pas comme de simples étiquettes conceptuelles. Elles semblent exister par elles-mêmes. Croire que les choses existent telles qu'elles apparaissent est donc erroné.

Il y a une différence entre l'erreur qui consiste à croire passivement que les choses ne font qu'apparaître, et celle qui consiste à affirmer à tort de manière active, par une argumentation logique, que les choses existent telles que nous les percevons. La différence entre ces deux formes d'ignorance, l'une passive et innée, l'autre active et de nature philosophique, ne peut se comprendre que progressivement. Il y a une différence entre le mode d'existence des choses et leur manière d'apparaître. Et c'est parce que les choses nous apparaissent d'une manière autre que celle dont elles existent vraiment, qui est différente de leur véritable nature, que nos pensées sont dites erronées. Il y a eu méprise, nous avons été trompés.

C'est en gros ce que dit la théorie. Comme vous pouvez le voir, ce sujet est loin d'être facile. Il faut d'abord y réfléchir en profondeur et étudier la nature des phénomènes. Ensuite, le processus d'investigation requiert des formes de méditation faisant appel à l'analyse et à la concentration. Sans analyser l'objet, on ne peut le vérifier. Et sans le soutien de la concentration qui fixe l'esprit sur l'objet, même si on a pu le vérifier, il sera difficile de le percevoir clairement. Ces deux types de méditation, celle qui analyse et celle qui se concentre sur l'objet, sont donc essentiels. Ajoutez à cela que, pour comprendre la réalité, il faut déjà avoir accumulé des mérites. Quand toutes ces conditions sont réunies, la compréhension de la vacuité augmente. Mais le facteur temps est aussi très important. Ce n'est pas quelque chose qu'il faut précipiter.

Au cours des dernières années, la science occidentale a fait des découvertes qui semblent contredire certains points des enseignements du Bouddha. Par exemple, le bouddhisme affirme que l'espace est permanent alors que les scientifiques occidentaux semblent penser aujourd'hui que l'espace est impermanent. Il y a aussi la question des particules élémentaires. Les thèses actuelles des scientifiques occidentaux sont en contradiction avec les doctrines des plus hautes écoles bouddhiques. Comment une personne engagée sur la voie du Dharma doit-elle réagir face à des éléments tendant à prouver l'existence de phénomènes en contradiction avec les enseignements du Bouddha ?

Faut-il, par pure foi, accepter ce que le Bouddha a dit en dépit des preuves du contraire ?

SA SAINTETÉ. – C'est une très bonne question. En ce qui concerne l'espace, il me semble que vous faites erreur. Il y a deux choses que l'on peut appeler espace : l'« espace non composé » (*du ma byed kyi nam mkha*), et l'« espace atmosphérique » (*bar snang*). L'« espace non composé » désigne l'absence de contact et d'obstruction, c'est ce qui est perçu comme permanent. Ce que vous appelez « espace » est, je crois, ce que nous appelons « espace atmosphérique », et c'est quelque chose que nous acceptons comme impermanent, changeant. On dit aussi que cet espace a des couleurs, etc. Je pense donc que votre terme « espace » a davantage la connotation du mot tibétain *bar snang*, avec le sens d'espace atmosphérique.

(Même interlocuteur) *Selon la théorie de la gravitation d'Einstein, c'est l'absence réelle d'obstruction qui change. La matière et l'espace peuvent être perçus comme deux formes de la même substance, de sorte que la matière affecte l'espace, qu'elle affecte réellement la non-obstruction. Par exemple, la lumière qui se déplace dans l'espace parcourt une ligne droite, mais lorsqu'elle approche d'un objet matériel, elle suit une ligne courbe du fait que la matière a affecté la structure réelle de l'espace, la nature réelle de la non-obstruction. L'espace peut ainsi se transformer de non-obstructif en obstructif et* vice versa.

SA SAINTETÉ. – En disant que l'espace n'est pas la simple absence de tangibilité et d'obstruction, vous vous référez non pas à l'« espace non composé » mais à l'« espace atmosphérique ». L'« espace atmosphérique » est une entité composite. Le genre d'espace qui se transformerait en quelque chose qui obstrue est forcément une entité composite, aussi doit-il s'agir de l'« espace atmosphérique ». L'« espace non composé » est l'absence réelle de vide comme de substance matérielle, c'est l'absence d'obstruction et de tangibilité, c'est l'absence d'obstacle matériel, une sorte de vacuité. Je pense qu'il s'agit là d'un problème d'ordre terminologique. En fait, votre mot « espace » désigne plutôt ce que nous appelons « espace atmosphérique » que l'« espace non composé ».

Passons maintenant au deuxième point de votre question, les particules élémentaires. Il semblerait que la physique moderne accepte l'existence de particules élémentaires indivisibles. On part d'une forme physique visible à l'œil nu qu'on va analyser et subdiviser expérimentalement jusqu'à arriver à une entité substantielle qui ne peut plus être subdivisée et que l'on dit indivisible. Tant qu'elle peut être subdivisée, on dit qu'elle est constituée de parties, et lorsqu'on atteint les limites de la divisibilité, on dit que cette entité est non constituée de parties, qu'elle est indivisible.

La notion bouddhique de l'absence de parties ou sa réfutation ne sont pas fondées sur l'expérimentation. En fait, la discussion bouddhique ne porte pas tant sur les divisions empiriques de la matière en différentes parties, que sur une analyse théorique de la possibilité d'absence de parties spatiales ou dimensionnelles. Pour ce qui est de la conscience, par exemple, ce n'est pas l'absence spatiale de parties qui est discutée (dans la mesure où la conscience est non-matérielle, donc non-spatiale), mais l'absence temporelle de parties. C'est pourquoi, dans les discussions sur l'absence de parties, les « parties » dont il est question dans le contexte bouddhique ne sont pas des subdivisions étudiées empiriquement. Les objets matériels sont divisés en parties spatiales et la conscience en parties temporelles d'une manière strictement théorique et abstraite.

Les physiciens affirment que la matière brute est formée d'une accumulation de particules indivisibles, que les particules subatomiques étudiées dans diverses configurations constituent la matière brute. Voyons maintenant en quoi les particules indivisibles sont spatialement sans parties. Si l'on ne peut dire d'une particule qu'elle a un côté faisant face à l'ouest et un autre faisant face à l'est (car, selon nos postulats, elle n'a pas de parties spatiales), si, lorsqu'une particule vient en toucher une autre, elles se confondent, il est impossible que les particules s'amassent en des groupements plus larges.

(Même interlocuteur) *Cette notion de l'interaction ou de l'accumulation des particules élémentaires n'est pas acceptée par la science occidentale.*

SA SAINTETÉ. – D'après la science occidentale, peut-on dire que les particules les plus élémentaires s'assemblent ?

(Même interlocuteur) *Oui, elles s'assemblent à la suite d'interactions pour former des agrégats ou une matière plus brute.*

SA SAINTETÉ. – Mais lorsque les particules les plus élémentaires se rencontrent, se touchent-elles ou non ? Et si elles ne se touchent pas, fusionnent-elles entre elles ou gardent-elles leur identité individuelle ?

(Même interlocuteur) *En raison de la nature de l'interaction et du principe d'incertitude, il est impossible de répondre à de telles questions.*

SA SAINTETÉ. – Pouvez-vous dire si la taille augmente ? Par exemple, y a-t-il une différence de taille entre une seule particule et un agrégat de deux, dix ou cent particules ?

(Même interlocuteur) *Il y a certainement une différence entre la taille d'une particule et celle d'un
agrégat composé d'un très grand nombre de particules.*

SA SAINTETÉ. – S'il y a une différence entre une
particule unique et un agrégat de cent particules,
cela signifierait que, lorsqu'elles entrent en
contact les unes avec les autres, elles s'assemblent, mais conservent leur identité individuelle.
Si, au moment où elles entrent en contact, elles
se confondaient, de plus grands agrégats ne pour-
raient jamais se former. Et si elles ne fusionnent
pas lorsqu'elles entrent en contact les unes avec
les autres, cela signifie qu'une particule doit
avoir des limites distinctes à l'est et à l'ouest, par
conséquent des dimensions dans l'espace, ce qui
est en contradiction avec le postulat selon lequel
elle serait non constituée de parties d'un point de
vue spatial.

Dans notre analyse, nous n'avons jamais
divisé empiriquement ces particules. Elles sont
trop subtiles, trop petites pour être soumises aux
grossiers moyens d'analyse dont nous disposons
actuellement. Mais, bien que nous n'ayons pas
réalisé expérimentalement cette analyse pour le
moment, bien que nous n'ayons pas pu la réaliser mécaniquement, nous y sommes parvenus théoriquement. Nous avons pu déterminer
que les particules élémentaires ont quatre côtés

distincts, à l'est, à l'ouest... ! Par conséquent, puisque chaque particule est spatialement constituée de parties, elle doit avoir une taille et ne peut être un point dénué de toute dimension.

(Même interlocuteur) *Ce n'est pas parce que vous avez cent particules qui se sont amassées pour former un tout plus vaste qu'une particule a forcément des dimensions, car, selon la physique moderne, ce qui fait s'assembler des particules n'est pas le contact, mais quelque chose de plus subtil, les forces subatomiques.*

SA SAINTETÉ. – C'est là où nous en sommes, en ce siècle-ci. D'ici vingt ans, les physiciens auront peut-être autre chose à dire. Mais la logique voudrait que, si les particules étaient des points sans dimension spatiale, un agrégat d'un millier de ces particules ne devrait pas être plus grand qu'une seule d'entre elles. Si, lorsqu'une particule élémentaire entre en contact avec une autre, les deux fusionnent, il devrait en aller de même lors de la rencontre d'une centaine ou d'un millier de particules.

Passons maintenant au dernier point de votre question. Supposons que quelque chose soit définitivement prouvé par la recherche scientifique, qu'une hypothèse donnée soit vérifiée à l'issue d'une investigation scientifique, et que ce fait soit incompatible avec la théorie bouddhique.

Sans aucun doute possible, nous devrions accepter les conclusions de la recherche scientifique. Vous savez, la position du bouddhisme en général, c'est, quand l'expérimentation est possible, d'accepter les *faits* plutôt que de s'en tenir à la simple spéculation dénuée de fondement empirique. Nous devons toujours accepter les faits. Si, après examen, une hypothèse a été vérifiée à cent pour cent, elle est devenue un fait que nous devons accepter.

Cette notion étant au cœur même de la pensée bouddhique, nous pouvons dire que la philosophie de l'école *mâdhyamaka* est supérieure à la vision *chittamatra*, cette dernière étant elle-même supérieure à celle des *sautrântika*, et celle des *sautrântika* à celle des *vaibhâshika* – du fait de leur attitude empiriste face à la vérité. La philosophie des *chittamatra* comporte de nombreux points clés qui, une fois analysés, ne peuvent être défendus philosophiquement. C'est parce que la position des *chittamatra* ne résiste pas à l'épreuve du raisonnement que l'école du *mâdhyamaka* peut être considérée comme supérieure, car son attitude est de toujours accepter la réalité avérée. Si tel n'était pas le cas, l'approche des *mâdhyamika-prâsanguika* ne pourrait pas être considérée comme la plus élevée et la plus subtile.

En ce qui concerne les paroles du Bouddha, c'est-à-dire le rôle des Écritures, il est vrai que les systèmes *mâdhyamaka* aussi bien que *chittamatra* reposent sur des transcriptions des sermons du Bouddha. On peut cependant considérer les doctrines *prâsanguika* comme supérieures aux vues *chittamatra* du fait que, contrairement à ces dernières, elles sont conformes à la réalité. Et comme nous devons nous en tenir aux faits, à ce qui est fondé sur la réalité, nous devons suivre la théorie des *prâsanguika* plutôt que celle des *chittamatra*. C'est ainsi que nous devons raisonner, c'est l'attitude bouddhiste fondamentale. Les bouddhistes croient en la renaissance. Mais supposons que, au travers de différents moyens de recherche, la science parvienne un jour à la conclusion définitive qu'il n'y a pas de renaissance, nous devrons l'accepter et *nous l'accepterons*. C'est la position du bouddhisme en général. À cet égard, la méthode scientifique semble beaucoup plus puissante que lui, mais nous savons aussi qu'elle a ses limites. Laissez-moi vous donner un autre exemple : il est dit dans l'*Abhidharmakosha* que la Terre est plate, mais chacun peut voir et constater empiriquement que la Terre est ronde et nous devons l'accepter. Un bouddhiste n'est pas censé croire que le monde est plat au mépris des découvertes scientifiques, simplement parce que c'est écrit dans l'*Abhidharmakosha*. C'est faux et il n'y a rien à défendre. Mais pour ce qui est de l'espace, il n'y a pas vraiment de problème, tout juste une différence de terminologie.

J'aimerais savoir quel est le rôle de la conscience dans le processus de la réincarnation.

SA SAINTETÉ. – Il existe différents niveaux de conscience. Les niveaux grossiers de la conscience sont très dépendants de la sphère physique ou matérielle. Dans la mesure où notre propre agrégat physique – le corps – change de naissance en naissance, il en est de même des niveaux grossiers de la conscience. Mais étant donné que plus le niveau de conscience est subtil, plus il est indépendant de la sphère physique, plus il est susceptible en conséquence de se maintenir d'une vie à l'autre. Toutefois, en général, qu'ils soient subtils ou grossiers, les niveaux de conscience sont tous de même nature.

On dit généralement que les maîtres des autres religions, quelle que soit leur valeur, ne peuvent atteindre la libération sans emprunter la voie du Bouddha. Prenons par exemple un grand maître shivaïte qui suivrait une discipline très stricte et se consacrerait totalement aux autres à chaque instant, en donnant toujours de lui-même. Est-ce que cet homme, simplement parce qu'il est adepte de Shiva, est incapable d'atteindre la libération et, dans ce cas, que peut-on faire pour l'aider ?

SA SAINTETÉ. – Du temps du Bouddha lui-même, il y avait de nombreux maîtres non bouddhistes que le Bouddha ne pouvait pas aider, pour qui il ne pouvait rien faire. Il ne s'en est donc pas occupé.

Le Bouddha Shâkyamuni était un être extraordinaire, il était la manifestation (*nirmânakâya*) – l'apparence physique – d'un être déjà éveillé. Mais si certains reconnaissaient en lui le Bouddha, d'autres le considéraient comme un homme faisant de la magie noire, doté de pouvoirs étranges et maléfiques. Alors vous voyez, même le Bouddha Shâkyamuni n'était pas accepté comme un être éveillé par tous ses contemporains. Les êtres humains ont des prédispositions mentales différentes et il y a des cas où le Bouddha lui-même ne pouvait pas faire grand-chose – il y avait une limite.

Aujourd'hui, les disciples de Shiva ont leurs propres pratiques religieuses et récoltent les bénéfices de leurs propres formes de culte. Leur vie en sera transformée progressivement. Ma position sur cette question, c'est que les disciples de Shiva doivent pratiquer selon leurs croyances et leurs traditions, que les chrétiens doivent vivre leur foi de manière authentique, etc. C'est suffisant.

Mais alors, ils n'atteindront pas la libération !

SA SAINTETÉ. – Nous-mêmes, les bouddhistes, nous ne serons pas libérés d'un seul coup. Dans notre cas aussi, cela prendra du temps. Nous atteindrons progressivement le *moksha* ou le *nirvâna*, mais la majorité des bouddhistes n'y parviendront pas au cours de leur vie. Il n'y a pas urgence. Si les bouddhistes eux-mêmes doivent attendre, parfois de nombreuses vies, pour atteindre leur but, pourquoi cela serait-il différent pour les non-bouddhistes ? Comme vous le voyez, il n'y a pas grand-chose à faire.

Supposons, par exemple, que vous vouliez convertir quelqu'un à la religion bouddhiste en essayant de le convaincre de l'infériorité de sa croyance. Et supposons que vous n'y arriviez pas, qu'il ne devienne pas bouddhiste. Vous aurez échoué, et vous aurez peut-être même réussi à affaiblir la confiance qu'il avait en sa propre religion et à le faire douter de sa propre foi. Qu'aurez-vous obtenu ainsi ? Cela n'aura servi à rien. Quand nous rencontrons des fidèles d'autres religions, mieux vaut ne pas essayer d'argumenter mais au contraire les encourager à vivre leurs propres croyances le plus sincèrement possible, car c'est ainsi qu'ils en tireront des bénéfices. Cela ne fait aucun doute. Même dans un avenir proche, ils obtiendront plus de bonheur et de satisfaction.

C'est en tout cas ainsi que je vois les choses. Quand je rencontre des disciples d'autres religions, je les incite toujours, ce qui suffit amplement, à suivre l'éthique de leur foi. Il suffit, comme je l'ai déjà dit, qu'ils essaient de devenir des êtres humains meilleurs. C'est déjà, en soi, tout un programme.

Mais le Bouddha est bien l'ultime source de refuge ?

SA SAINTETÉ. – Ici, voyez-vous, il faut examiner ce qu'on entend par libération ou salut. La libération, quand « l'esprit qui comprend la sphère de la réalité supprime toute souillure dans la sphère de la réalité », est un état auquel seuls les bouddhistes peuvent parvenir. Ce genre de *moksha* ou de *nirvâna* n'est expliqué que dans les écrits bouddhiques et il ne peut être atteint que par la pratique bouddhique. Pour certaines religions, le salut est un lieu, un beau paradis, une sorte de vallée paisible. Il n'est pas nécessaire, pour réaliser cet état de *moksha*, de pratiquer la vacuité, la compréhension de la réalité. Même dans le bouddhisme, nous croyons que l'accumulation de mérites permet d'obtenir une renaissance dans un paradis céleste comme celui des Tushita.

Alors, on ne peut pas dire qu'un disciple du Védanta ayant atteint l'état de satchitânanda *a réalisé la libération ultime ?*

SA SAINTETÉ. – Cela dépend à nouveau de votre façon d'interpréter les termes « libération ultime ».

Le *moksha* décrit dans la religion bouddhiste ne peut être atteint que par la pratique de la vacuité. Et cet état de *nirvâna* ou de libération, tel que je l'ai défini plus haut, est inaccessible aux *mâdhyamika-svâtantrika*, aux *chittamatra*, aux *sautrantika* et aux *vaibhâshika* eux-mêmes, car les disciples de ces écoles, *bien que bouddhistes*, ne comprennent pas la véritable doctrine de la vacuité. Ne pouvant réaliser la vacuité ou réalité, ils ne peuvent accéder à la libération que je viens de définir.

Votre Sainteté, pourriez-vous nous dire en quoi la méditation tantrique permet d'atteindre l'état d'éveil beaucoup plus rapidement que la méditation Vipassanâ ?

SA SAINTETÉ. – Dans la méditation tantrique, particulièrement dans la pratique du *Mahanuttarayoga-tantra*, on réalise la vacuité – la vérité ultime – en contrôlant la pensée au moyen de diverses techniques. Dans le Véhicule des soutras, la forme non tantrique du Mahayana, il n'est fait aucune mention de ces techniques spécifiques de maîtrise du mental. Rien n'est dit sur les pratiques tantriques de contrôle du souffle, de méditation sur les canaux intérieurs et les *chakra*, etc. Le Véhicule des soutras décrit seulement la manière d'analyser l'objet, c'est-à-dire les méthodes permettant de prendre conscience

41

de la nature de l'objet par le raisonnement, et ainsi de suite. Le *Mahanuttarayoga-tantra*, lui, enseigne diverses techniques fondées sur les canaux, les énergies subtiles, etc., qui nous aident à mieux contrôler nos pensées. Ces méthodes nous permettent de maîtriser plus rapidement notre esprit agité et d'atteindre un niveau de conscience subtil et puissant. C'est la base du système.

La sagesse qui réalise la vacuité, qui a compris la nature de la réalité, dépend du niveau de subtilité de la conscience réceptrice. La conscience est en effet constituée de différents niveaux : grossiers, plus subtils, et enfin le niveau le plus subtil. L'une des caractéristiques de la pratique tantrique, c'est de pouvoir solliciter à volonté le niveau de conscience le plus subtil et de le mettre en œuvre aussi efficacement que possible. Quand la vacuité est réalisée par ce niveau le plus subtil de l'esprit, elle est plus puissante et aura plus d'effet sur la personnalité.

Pour activer ou utiliser les niveaux les plus subtils de la conscience, il faut en neutraliser ou contrecarrer les niveaux grossiers. C'est par des pratiques tantriques spécifiques, telles les méditations sur les *chakra* et les canaux (*nâdî*), que l'on peut maîtriser et abandonner temporairement les niveaux de conscience grossiers. Dès lors que ces derniers sont désactivés, les niveaux de conscience subtils deviennent actifs. Et c'est à ce niveau de conscience subtil que les plus grandes réalisations spirituelles peuvent se produire. C'est pourquoi, la pratique tantrique, par cette sollicitation de la conscience la plus subtile, permet d'atteindre l'éveil plus rapidement que les autres.

Les objets de la méditation tantrique ne sont-ils que des objets imaginaires, dépourvus de toute réalité ?

SA SAINTETÉ. – Certainement. Au début de la pratique, ces objets sont de simples créations de l'esprit. Mais, bien qu'imaginaires, ils n'en ont pas moins une fonction et un but spécifiques. Le fait qu'ils soient imaginaires n'enlève rien à leur efficacité.

Comment les choses existent-elles si elles sont vides d'existence inhérente ?

SA SAINTETÉ. – Les doctrines de la vacuité et de l'absence du soi n'impliquent pas la non-existence des choses. Les choses *existent.* Quand nous disons que tous les phénomènes sont dépourvus d'existence propre, cela ne signifie pas que nous croyons en la non-existence, que nous réfutons l'existence des choses. Ce que nous affirmons, c'est que rien n'existe *par soi-même sans dépendre d'autre chose.* Et puisque, pour exister, les choses dépendent de causes et de conditions, on dit qu'elles n'ont pas d'existence intrinsèque et indépendante.

En d'autres termes, si l'on soumet un objet à l'examen logique, il demeure introuvable. Quel que soit cet objet, mental ou physique, qu'il s'agisse du *nirvâna* ou du Bouddha lui-même, rien ne pourra être découvert à son sujet par le biais du raisonnement logique.

Nous croyons en l'existence de notre « moi ». Nous disons : « Je suis ceci et cela » ou : « Je suis bouddhiste », et cela nous amène à conclure que le « moi » ou le « soi » existe. Pour qu'il y ait croyance, il faut un croyant, aussi doit-il bien exister des êtres sensibles. La question de savoir s'il existe des êtres ou non ne se pose pas – *bien sûr*, les êtres existent. Le Dalaï-Lama existe. Les Tibétains existent. Il y a des Canadiens et des Anglais. Et comme l'Angleterre existe, il doit y avoir des Anglais et une langue anglaise. C'est d'ailleurs la langue que nous parlons en ce moment même. Qu'il existe des êtres qui parlent anglais aujourd'hui est un fait indéniable.

Mais si nous nous demandons maintenant : « Où est cette langue anglaise que nous parlons ? », « Où sont les Anglais ? », « Où est le "moi" ? », « Où est le "soi" du Dalaï-Lama ? », nous pourrions être tentés de dire que, dans la mesure où le « soi » ne peut être trouvé à l'aide du raisonnement ou de l'analyse logique, il n'y a pas de « soi » *du tout*. Ce qui est faux. Nous pouvons par exemple montrer du doigt la forme physique du Dalaï-Lama, son corps, et nous savons que le Dalaï-Lama a un esprit. Mon corps et mon esprit *m*'appartiennent. Or si ce *moi* n'existait pas du tout, comment pourrait-il y avoir un « soi » qui « possède » mon corps et mon esprit ? Comment ceux-ci pourraient-ils être *à moi* ? Le corps et l'esprit appartiennent à quelqu'un, et ce quelqu'un est le « soi ». C'est parce que le corps appartient au « soi » que, lorsque le corps ne va pas bien, nous disons : « Je ne vais pas bien. » Cela veut vraiment dire quelque chose. De même, c'est en raison de la relation entre le « soi » et le corps que, lorsque nous prenons de l'aspirine et que le corps va mieux, nous disons : « Je me sens mieux. » Car cela a un sens de dire « je ne me sens pas bien » quand le corps ne va pas bien. De même, il nous arrive d'être fâchés contre *nous-mêmes* quand notre esprit oublie quelque chose et de dire : « Mais où avais-je la tête ? » Parce que toutes ces situations et ces formes d'expression existent et qu'elles ont un sens, nous savons qu'il doit y avoir un « soi » conventionnel ou relatif.

Or, en dehors du corps et de l'esprit, il ne peut y avoir de « soi ». Et si nous cherchons le « soi » dans nos agrégats mentaux et physiques, nous constatons qu'il ne se trouve nulle part. Les choses se présentent donc ainsi : il y a un « soi », mais ce n'est qu'*une étiquette attribuée en référence au corps et à l'esprit*. Le corps lui-même est matériel, c'est une entité composée de nombreuses parties. Tout comme le « soi », le corps est désigné uniquement en référence à ses parties, et si on le cherche dans ces parties, il demeurera tout aussi introuvable.

Cette analyse vaut pour *tous* les phénomènes, y compris le Bouddha Maitreya lui-même. Si nous cherchons le Bouddha Maitreya dans ses agrégats, nous ne pourrons le trouver. Comme, en définitive, même les bouddhas n'existent pas, nous savons qu'il ne peut y avoir de personne ou de « soi ». Pourtant il existe conventionnellement un Bouddha Maitreya. On peut voir sa statue ou son image dans les temples. Regardons de plus près cette image. Elle est composée de différentes parties : la tête, le torse, les mains et les pieds. À part cela, il n'y a pas d'image du Bouddha Maitreya. L'image est simplement un agrégat de différentes parties, auquel le nom d'« image du Bouddha Maitreya » a été donné. La conclusion, c'est que nous pouvons passer des années à chercher un objet par l'investigation et par l'étude sans jamais le trouver. Ce qui veut dire que l'image de Maitreya, par exemple, n'existe pas de manière inhérente : elle n'est qu'un nom imputé par l'esprit. Comme elle n'existe pas par elle-même, elle est une entité à laquelle notre esprit a donné une étiquette. Cependant, bien qu'en dernière analyse cette image n'existe pas, si nous la prenons comme objet de visualisation ou de dévotion, il se produira une accumulation de mérites qui portera ses fruits.

Ce qui voudrait dire que les images ont le pouvoir inhérent de générer des mérites pour les fidèles ?

SA SAINTETÉ. – Les images peuvent sans aucun doute servir de support à la production de mérites. Le fait d'avoir établi que l'image n'a pas d'existence intrinsèque ne nie pas sa capacité à servir de source ou de champ d'accumulation de mérites. Mais nous devons garder présent à l'esprit que l'accumulation de mérites ou la négativité se produisent de manière conventionnelle et relative, et non pas ultime ou inhérente. Si l'image avait le pouvoir *inhérent* de créer des mérites, elle devrait en être capable indépendamment de tout facteur ou condition. Mais nous savons que tel n'est pas le cas. Lorsqu'une personne détruit une image sous l'effet de la haine, par exemple, elle n'accumule pas de mérites par rapport à l'objet, mais de la non-vertu. Ceux qui se livrent à des prosternations ou à des offrandes devant une image sans avoir la motivation correcte accumulent très peu de mérites, tandis que ceux qui expriment leur dévotion en pleine conscience et avec de bonnes intentions bénéficieront grandement de leurs actes. Alors, vous voyez, que des mérites soient accumulés ou non en rapport avec l'image n'est pas préétabli et inhérent à l'image, mais dépend d'autres facteurs et conditions. C'est pourquoi on dit que ce processus n'existe que d'un point de vue conventionnel ou relatif.

La foi elle-même n'est qu'une étiquette attribuée par l'esprit. Elle n'existe pas par elle-même. On peut procéder à une analyse ou à un examen de l'objet désigné par le mot « foi », on peut le chercher, il demeure introuvable. Or, en dehors de cet examen, le phénomène appelé « foi » existe. La foi *existe* conventionnellement, car elle existe quand elle n'est pas soumise à l'analyse. Il en est de même des bénédictions : on ne peut les trouver à l'aide du raisonnement logique, mais dès lors qu'on n'examine pas leur mode d'existence ultime, on peut dire qu'elles *existent*. Voilà, en gros, ce qu'on peut en dire. C'est en tout cas un sujet qui mérite réflexion.

Quels conseils pourriez-vous nous donner que nous puissions mettre en pratique dans notre vie quotidienne ?

SA SAINTETÉ. – Je ne sais pas. Je n'ai vraiment pas grand-chose à dire. Je dirai simplement ceci. En tant qu'êtres humains, nous sommes tous semblables : nous voulons tous connaître le bonheur et éviter la souffrance. À cet égard, il n'y a aucune différence entre les gens, quelles que soient leur religion, leur race, leur couleur ou leur culture. Nous souhaitons tous être heureux.

À vrai dire, nous autres bouddhistes sommes censés sauver *tous* les êtres sensibles, ce qui, d'un point de vue pratique, peut sembler à la majorité des gens une tâche trop vaste. Nous devons au moins essayer d'aider tous les êtres *humains*. C'est très important. Si l'on ne peut se consacrer à tous les êtres sensibles habitant les différents mondes, il faut au moins penser à sauver tous les êtres humains de la planète. Telle est notre approche pratique du problème. Il est nécessaire d'aider les autres, non seulement par nos prières, mais aussi dans notre vie quotidienne. Et si nous voyons que nous ne pouvons pas les aider, nous devons à tout le moins renoncer à leur nuire. Nous ne devons ni les tromper ni leur mentir, et nous devons nous efforcer d'être des êtres humains honnêtes et sincères.

Voilà, au quotidien, les attitudes à adopter. Être croyant ou pratiquant est une autre question. En tant qu'habitants de cette planète, en tant que membres de la famille humaine, nous avons besoin de ce genre de conduite. C'est ce qui permettra d'établir une harmonie et une paix, réelles et durables dans le monde. De nombreux problèmes peuvent être résolus par l'harmonie, l'amitié et le respect mutuel. C'est ainsi que nous pourrons surmonter au mieux les problèmes.

C'est en tout cas ce que je crois et ce que je dis

partout où je vais, que ce soit dans des pays communistes comme l'Union soviétique ou la Mongolie, ou dans des pays capitalistes et démocratiques comme les États-Unis et les pays d'Europe occidentale. C'est ce que je conseille, pense et pratique moi-même de mon mieux. Si vous êtes d'accord avec moi et que mes paroles vous ont intéressés, alors cela aura servi à quelque chose.

Certaines personnes sont parfois si engagées dans la pratique religieuse qu'elles vont jusqu'à se retirer de la sphère de l'activité humaine. À mon avis, ce n'est pas bien. Je m'explique : dans certains cas, lorsqu'une personne souhaite sincèrement s'engager dans la pratique de la méditation, par exemple pour atteindre *shamatha*, il est normal qu'elle ait besoin de s'isoler et de faire de longues retraites. Mais ces cas sont de loin l'exception. La grande majorité d'entre nous doit se trouver une pratique religieuse authentique dans le contexte de la société humaine.

Dans le bouddhisme, étude et pratique sont extrêmement importantes et indissociables. Sans la connaissance, il n'y a que la foi, la foi et encore la foi, ce qui est bien mais non suffisant. La dimension intellectuelle est tout aussi nécessaire. Inversement, le seul développement intellectuel sans foi ni pratique est tout aussi vain. Ce qu'il faut, c'est associer à la connaissance fondée sur l'étude une pratique sincère dans la vie quotidienne. Elles vont forcément de pair.

Laissez-moi ajouter une dernière chose. Il ne faut pas être pressé de pratiquer les tantras. J'ai moi-même reçu de nombreuses initiations, mais il est très difficile de bien pratiquer la voie tantrique. Alors, pourquoi se presser ? Quand vous aurez les qualités et les bases requises pour le faire, vous pourrez pratiquer les tantras correctement et évoluer très rapidement, comme il est dit d'ailleurs dans les Écrits tantriques. Mais si vous ne possédez ni les bases ni les conditions requises, inutile d'espérer avancer rapidement sur la voie par la pratique tantrique. Quiconque s'engage dans cette pratique sans que les conditions préalables soient remplies court le risque de voir apparaître des perceptions erronées, sous forme de doutes. D'après les textes, un résultat peut être atteint en trois mois, six mois, etc. Mais, si rien ne se passe, on risque de se demander si le progrès est même possible et de concevoir des doutes sur la méthode elle-même. C'est pourquoi il ne faut pas être pressé pour pratiquer les tantras de façon réaliste. Voilà en tout cas ce que j'en pense.

Deuxième entretien

Pour ce deuxième entretien, le Dalaï-Lama s'est adjoint le concours d'un traducteur professionnel afin de répondre aux questions philosophiques difficiles, annonçant ainsi la teneur de ce qui va suivre.

Il est amené à revenir sur le sens et le rôle du Dharma, *terme qui englobe l'attitude bouddhiste fondamentale, la loi, le chemin vers l'éveil et la conscience. Il rappelle combien le Dharma doit conduire à s'intégrer et à s'impliquer dans le monde et non à se couper de lui. Il insiste sur la nécessité de pratiquer le Dharma au sein de la société, même dans des environnements peu tolérants ; il lui apparaît dès lors important de se ressourcer périodiquement dans des lieux de retraite.*

Une question l'ayant conduit à revenir sur les concepts d'existence inhérente et de vacuité, il reprend ses explications sur ces points essentiels de la pensée bouddhiste. Parce qu'il a surtout besoin de concevoir un univers où les choses fonctionnent et dépendent de la volonté et de la maîtrise, l'esprit occidental a souvent du mal à assimiler pleinement le concept de vacuité.

Les questions-réponses suivantes permettent au Dalaï-Lama de revenir sur les façons erronées de concevoir la vacuité, et notamment sur l'interprétation occidentale qui l'associe trop souvent à des notions de nihilisme (puisque rien n'existe, tout est vain) ou d'éternité (projection sur des futurs qui annulent l'ici et maintenant). Il insiste bien sur le fait qu'une telle vision de la vacuité est source d'erreurs.

Le Dalaï-Lama en vient ainsi à la notion d'interdépendance inhérente à la pensée bouddhiste, en opposition à la notion d'indépendance des phénomènes les uns par rapport aux autres qui reste centrale dans la pensée occidentale. Il développe longuement la théorie du juste milieu, la « Voie du milieu », qui lui tient à cœur, expliquant que celle-ci évite aussi bien l'éternalisme que le nihilisme.

Concernant l'attitude à adopter face à ceux qui nuisent à autrui, il recommande certes la non-violence, mais n'exclut pas non plus la nécessité d'intervenir dans l'intérêt du plus grand nombre. Il est important de bien distinguer les notions d'agressivité (attitude dynamique et positive) et de violence (agressivité pervertie), et de comprendre que la non-violence n'est en rien, dans l'esprit bouddhiste, synonyme de passivité et d'inaction.

Deuxième entretien

Cet entretien lui permet de préciser divers concepts philosophiques et notamment différentes écoles et pratiques bouddhistes. Après quelques mises au point sur la méditation vipashyanâ *selon les soutras et les tantras, il revient ainsi sur le choix personnel de l'ordination, qui doit correspondre à la discipline que chacun est prêt à suivre. L'important est de respecter* shila *(les règles de vie) et de cultiver* shamatha *(le calme mental) pour stabiliser l'esprit.*

Le Dalaï-Lama finit sur une note délibérément œcuménique, insistant à nouveau sur le fait que chaque religion donne de bons conseils pour s'améliorer, et rappelant qu'il appartient à chacun de choisir le système lui convient le mieux.

SA SAINTETÉ. – Je suis très heureux de vous retrouver en ce lieu aujourd'hui. Je crois que c'est la deuxième fois et il semblerait que ce genre de dialogue soit aussi utile que profitable. Je m'en réjouis. Je suis donc très heureux d'être à nouveau parmi vous.

N'ayant personnellement rien de particulier à dire, je vous invite à poser vos questions, que je suis impatient d'entendre.

Cette fois, je me suis fait accompagner d'un interprète qualifié afin de pouvoir débattre de points de philosophie plus profonds. Je suis donc prêt aujourd'hui à répondre aux questions les plus complexes !

Depuis quelques années, et peut-être davantage, les pratiques et les disciplines spirituelles du bouddhisme suscitent un intérêt croissant auprès des Occidentaux, notamment des jeunes. Une remarque qui revient souvent, c'est que, si nous avons effectivement l'occasion ici de pratiquer la méditation, de cultiver notre cœur et notre esprit de diverses manières, la société n'est pas toujours bienveillante à notre égard lorsque nous rentrons en Occident. Il est de plus en plus difficile pour un bouddhiste de vivre dans le monde occidental. La question que j'aimerais poser au Dalaï-Lama est donc la suivante : comment pratiquer le Dharma dans un environnement peu tolérant ?

SA SAINTETÉ. – C'est vrai, l'environnement joue un rôle très important. Si l'environnement, le contexte dans lequel on se trouve n'apporte aucun soutien, il est difficile d'être constant dans sa pratique, aussi forte que soit sa détermination. Voici donc le conseil que je pourrais vous donner : si l'on possède déjà une certaine expérience de la façon la plus juste d'aborder un problème, de l'attitude à adopter face aux manifestations plus ou moins bienveillantes que l'on rencontre dans une société compétitive, alors, même dans un milieu qui ne favorise pas la pratique, il est possible de demeurer très fidèle aux enseignements.

Cela dit, il est parfois nécessaire d'agir différemment. Par exemple, si vous êtes quelqu'un de très humble et de très honnête et que vous suivez votre nature, il se peut que d'autres en profitent. Il faut donc parfois réagir, mais sans mauvais sentiment. Au plus profond, la tolérance, la compassion et la patience doivent rester présentes tandis que, en surface, on fait ce qu'il faut. C'est peut-être la seule façon d'agir dans ce genre de situation.

Je vous conseillerais aussi d'aller passer des moments dans un lieu comme Bodhgaya, où vous pourrez suivre des enseignements dans un cadre propice à la pratique. Nous avons besoin de recharger nos batteries de temps en temps avant de reprendre notre travail ou nos études. Au lieu d'aller dépenser votre argent dans une station balnéaire, par exemple, vous pouvez très bien venir vous rafraîchir l'esprit dans de tels lieux. Je pense que c'est utile. C'est la « Voie du milieu », la voie juste, me semble-t-il.

Si le soi et les autres phénomènes sont vides de toute existence propre, est-il possible de prendre un phénomène animé ou inanimé comme objet et, par la puissance des mots dont on le désigne, de donner à cet objet le pouvoir de se manifester, d'agir avec les qualités que nous lui attribuons ?

SA SAINTETÉ. – Voilà un exemple de méprise sur le sens de l'expression « absence d'existence inhérente ». Si, pour nous, le terme « vacuité » signifie que les choses ne peuvent pas fonctionner, cette notion erronée de la vacuité nous fait tomber dans le *nihilisme*. Cette vue incorrecte vient de l'incapacité à réconcilier la vacuité avec le fait que les choses fonctionnent. C'est pourquoi il est dit que la vacuité doit être comprise dans le sens de « production dépendante ou conditionnée ».

Puisque la vacuité doit être expliquée en termes de production dépendante, il faut une base à ce phénomène, c'est-à-dire *quelque chose* qui soit *dépendant*. Par conséquent, une telle base doit exister. Nous voyons donc que la notion même de production implique que les choses fonctionnent. La production dépendante prouve que les choses n'ont pas d'existence inhérente, parce qu'elles agissent de manière interdépendante. Le fait que les choses fonctionnent et qu'elles le fassent de manière dépendante, en interdépendance, élimine la possibilité qu'elles soient *indépendantes*. Ce qui exclut à son tour la possibilité d'existence inhérente, dans la mesure où exister de manière inhérente signifie être indépendant. Par conséquent, la compréhension de la vacuité, de l'absence d'une sorte d'existence inhérente qui serait indépendante, nous amène à comprendre la production dépendante.

De même qu'on a pu déduire que les phénomènes sont vides d'existence du fait qu'ils se produisent en interdépendance, on peut aussi comprendre la production dépendante en partant du fait que les phénomènes sont vides d'existence. Et parce que les choses sont vides, elles fonctionnent. Ce qui implique à son tour que le *karma* et ses effets sont actifs, de sorte que nous devons savoir quelle attitude adopter ou rejeter.

Or, lorsqu'on médite profondément sur la vacuité, sur l'absence d'existence inhérente, lorsqu'on recherche l'objet étiqueté « soi » parmi les agrégats, le soi tel qu'il nous apparaît normalement ne peut être trouvé. Le soi tel qu'il apparaît dans notre esprit de tous les jours demeure introuvable. Il nous apparaît parce que nous nous sommes habitués à voir les choses comme si elles existaient de manière inhérente depuis des temps sans commencement. Mais un tel soi n'existe pas.

D'où le danger de croire qu'il n'existe *pas du tout*. Il est utile, à ce point de notre réflexion, de rappeler que des choses qui, même dans le langage ordinaire, sont considérées comme « fausses », existent, et que leur caractère illusoire n'est pas en contradiction avec le fait qu'elles fonctionnent. Voyons ce qu'il en est par exemple du reflet d'un objet dans un miroir. Le reflet n'est en aucun cas la chose qu'il semble être. Il est vide d'être complètement la chose. Le reflet, ou l'image, de la chose dans le miroir est totalement vide d'être la chose qu'il semble être. Pourtant, quand un objet est placé face à un miroir, quand les conditions sont réunies pour que l'objet et le miroir se rencontrent, alors, bien que cet objet soit « faux », le reflet apparaît. Et lorsqu'on retire l'objet, en dépit du fait que celui-ci n'a jamais cessé d'être « faux », le reflet disparaît. Ce qui montre que le caractère illusoire d'un phénomène n'est pas contredit par le fait que ce phénomène fonctionne.

Cette analyse nous montre comment la notion de production dépendante peut amener à la conclusion que les choses sont vides d'une existence inhérente. La compréhension de la production dépendante a le pouvoir d'éliminer les deux extrêmes, éternalisme et nihilisme. Quand nous recherchons l'objet « étiqueté » par le langage et que nous ne le trouvons pas, nous en concluons qu'il n'a pas d'existence inhérente, pas d'essence. « S'il avait une essence, on devrait pouvoir la trouver, nous disons-nous, mais je n'ai rien trouvé du tout. » Cependant, une telle vision des choses ne peut conduire qu'à une compréhension partielle de la vacuité. Bien qu'il y ait *une apparence* de vacuité, cela ne signifie pas qu'il s'agisse de la vacuité véritable. La vraie vacuité est la vacuité liée à la production dépendante.

Maintenant, si cette notion de la vacuité telle qu'elle a été expliquée par les *âchârya* Buddhapâlita et Chandrakîrti de l'école *prâsanguika* vous dépasse, ne vous forcez pas à l'accepter. On peut trouver plus acceptable l'explication de l'absence de vraie existence donnée par l'école *svâtantrika* – qui admet, conventionnellement, qu'une chose existe en vertu de caractéristiques inhérentes –, et laisser de côté la croyance *prâsanguika* selon laquelle les choses n'existent qu'en tant qu'entités désignées par le langage (autrement dit, qu'elles n'ont pas d'existence en dehors du nom qui leur a été attribué). De même, la philosophie de l'école *chittamatra* [1] peut sembler plus juste. Cependant, quelle que soit l'opinion qu'on décide finalement d'adopter, on doit s'assurer qu'elle ne cause ni émotions négatives, ni compréhension erronée de l'existence véritable, et qu'elle ne nie pas l'interdépendance des phénomènes. C'est extrêmement important. N'oubliez pas non plus que si une idée vous paraît inacceptable, vous pouvez toujours vous tourner vers d'autres écoles, comme celle des *svâtantrika* ou des *chittamatra*.

Il faut arriver à comprendre la vacuité en éliminant les deux extrêmes, éternalisme et nihilisme, et il y a deux façons d'y parvenir. L'éternalisme – le « soi » mal compris – est éliminé par le raisonnement ; quant au nihilisme, c'est essentiellement l'expérience personnelle qui en vient à bout : quand vous méditerez sur la vacuité, n'oubliez pas de vous pincer la main. Si vous pensez avoir compris la vacuité et que vous en arrivez à la conclusion que rien n'existe, pincez-vous, cette expérience éliminera la pensée nihiliste.

D'après ce que j'ai compris, un bouddhiste doit faire preuve de compassion et œuvrer à éradiquer la souffrance de tous les êtres humains. La souffrance des êtres sensibles étant souvent causée par

---

1. « École de l'esprit seul. »

d'autres êtres sensibles, je me demandais si, en tant que bouddhiste et afin d'aider la majorité des êtres sensibles, il est permis de nuire à ceux qui causent de la souffrance à autrui. En d'autres termes, est-il permis à un bouddhiste de s'en prendre à quelqu'un pour aider les autres ?

SA SAINTETÉ. – Cela dépend de la situation, qu'il convient dans tous les cas de bien examiner. Cela dépend aussi des qualifications de la personne et des ramifications de l'action.

Si quelqu'un s'apprête, par exemple, à commettre un acte très grave, qui va nuire à de nombreuses personnes, dans ce cas, par compassion, nous devrions essayer de l'en empêcher. S'il n'y a pas d'alternative, si la violence est vraiment la seule façon d'éviter que le méfait soit commis, alors la violence, une contre-attaque dure, sont non seulement permises mais nécessaires. Bien que ces mesures défensives puissent aussi faire souffrir quelqu'un, notre motivation et la nature vertueuse de notre but ultime font de notre acte une sorte de punition disciplinaire. Ce n'est pas la haine qui nous pousse, mais seulement la compassion et le désir de contrecarrer une mauvaise action. Les parents attentifs qui, motivés par un profond sentiment de compassion envers leurs enfants, vont parfois jusqu'à se fâcher ou à intervenir physiquement quand ces derniers ne sont pas sages – par exemple en leur donnant une tape –, semblent à première vue faire du mal, mais en réalité ils les aident. Vous voyez, il n'y a pas de contradiction.

Votre Sainteté pourrait-elle nous expliquer la pratique de vipashyanâ *selon le Véhicule des soutras et celui des tantras ?*

SA SAINTETÉ. – Que veut dire *vipashyanâ*, en tibétain *lhag mthong* ? Cela veut dire « voir » (*mthong*) les choses, les voir « mieux » ou « de plus haut » (*lhag par*), c'est l'étymologie du mot. Mais que veut dire « mieux voir les choses » ? allez-vous me demander. Cela signifie que l'analyse ou l'examen aident à mieux distinguer l'aspect ou les qualités d'un objet, à le comprendre avec une sorte de sagesse analytique. C'est pourquoi le *vipashyanâ* passe pour une forme de méditation analytique.

Maintenant, pour que notre sagesse individuelle nous permette d'analyser ou de pénétrer le cœur d'un objet, l'esprit doit être apaisé. Par conséquent, ce que nous appelons « *vipashyanâ* » est une forme d'analyse par la sagesse individuelle qui va de pair avec *shamatha*, le calme mental. C'est ce qu'on appelle le *samâdhi*, l'union de *shamatha* et *vipashyanâ*.

Dans le Véhicule des soutras, *shamatha* est accompli au moyen de la stabilisation méditative, et *vipashyanâ* au moyen de la méditation analytique. Il n'y a pas de distinction ou de différenciation entre les deux du point de vue de l'objet qu'elles appréhendent, mais dans leur *façon* de l'appréhender.

On dit cependant que le Véhicule des tantras est une forme de pratique particulièrement efficace car il dispose de moyens plus nombreux et plus efficaces pour atteindre le *samâdhi*, l'union de *shamatha* et *vipashyanâ*.

Il existe quatre catégories de tantras, les méthodes pour accomplir *shamatha* et *vipashyanâ* expliquées dans les trois catégories inférieures étant identiques à celles qu'on trouve dans les textes du *Soutrayâna* – comme, entre autres, dans le *Sarvakabhumi* que l'on doit à Asanga. Le système tantrique de l'*Anuttarayoga* comprend aussi une forme de pratique qui consiste à fixer sa concentration sur différents endroits du corps sans passer par la méditation analytique. Cette forme de méditation, où l'esprit demeure focalisé sur un seul point du corps, permet à elle seule d'atteindre *vipashyanâ*.

Certains bouddhistes déjà bien avancés sur le chemin et dans la pratique de la spiritualité souhaitent parfois être ordonnés moine ou moniale dans l'une ou l'autre tradition. Un homme ou une femme peut un jour se retrouver face à un dilemme : « Dois-je opter pour l'ordination ou non ? » Quels conseils Votre Sainteté pourrait-elle nous donner à ce sujet ?

SA SAINTETÉ. – Le Bouddha, voyez-vous, a indiqué différentes voies ou méthodes. Il y a les vœux des laïcs (*shîla*), hommes et femmes, et il y a bien sûr les vœux monastiques. L'essentiel, c'est de déterminer quelle forme de discipline convient le mieux et d'être prêt à s'y plier. La décision finale appartient à chacun. Il faut se demander si l'on est capable ou non de vivre selon l'engagement qu'on a l'intention de prendre. En cas d'hésitation devant les vœux monastiques, par exemple, mieux vaut rester laïc et s'en tenir à la conduite prescrite pour les laïcs. Si l'on se sent suffisamment en confiance, prêt à respecter les règles monastiques, alors il faut opter pour l'ordination.

Chacun doit faire preuve, particulièrement en Occident, d'un minimum d'humilité, d'honnêteté et de moralité. Quelles sont, d'après vous, les autres qualités à développer ? Dès lors qu'on possède ce fond de vertu, d'éthique et d'humilité, que faut-il cultiver d'autre ?

SA SAINTETÉ. – Ce qu'il faut cultiver, c'est le *samâdhi*, la stabilisation par la méditation. *Shîla* est une méthode de contrôle de soi-même, c'est une action défensive. Car notre pire ennemi est en nous-mêmes. Les émotions négatives – orgueil, colère, jalousie – sont nos *véritables* ennemis. Ce sont elles qui nous perturbent, et c'est en nous-mêmes qu'elles résident. La vraie pratique du

Dharma consiste à combattre ces ennemis intérieurs.

Comme dans toute guerre, il faut commencer
par une action défensive ; et, dans notre combat
spirituel contre les émotions négatives, notre
défense est *shîla*. Au début, lorsqu'on n'est pas
encore prêt pour l'action offensive, on a recours à
l'action *défensive*, c'est-à-dire à *shîla*. Puis, quand
on a bâti ses propres défenses, qu'on s'est en
quelque sorte habitué à *shîla*, le temps est venu de
lancer sa propre *offensive*. La meilleure arme est
alors *prajñâ*, la sagesse, ou *vipashyanâ*, qui est
aussi une forme de sagesse. Cette arme qu'est la
sagesse est semblable à une balle de fusil, à une
roquette même, et le lance-roquette est *shamatha*,
le calme, la sérénité. Pour résumer, à partir du
moment où vous possédez une base de morale ou
d'éthique, l'étape suivante consiste à vous entraî-
ner à la stabilisation de l'esprit (*shamatha*), puis à
la sagesse.

*Comment expliquez-vous la fascination croissante
des Occidentaux, particulièrement des Américains,
pour les religions orientales ? Je pense à différentes formes de culte et de pratiques spirituelles
qui sont de plus en plus répandues aux États-Unis.
Selon vous, pourquoi ? Face à tous ceux qui,
mécontents du mode de vie occidental, n'ont pas
trouvé dans leur religion d'origine – christianisme,
judaïsme, islam – la nourriture spirituelle qu'ils*

*cherchaient, les encouragez-vous chacun à persé-
vérer dans sa propre religion ou prônez-vous le
bouddhisme comme alternative ?*

SA SAINTETÉ. – C'est une question très délicate.
Bien sûr, du point de vue du bouddhisme, tous
les êtres humains que nous sommes avons le
droit de choisir entre notre propre religion et une
autre. C'est notre droit. De toute manière, une
étude comparative des différentes religions me
semble très utile.

Je pense que toutes les grandes religions du
monde prodiguent de bons conseils aux êtres
humains, cela ne fait aucun doute. Mais il ne faut
pas oublier que tout le monde n'a pas les mêmes
prédispositions mentales : pour certains, un système religieux, ou une philosophie religieuse, sera
plus approprié qu'un autre. La seule façon d'arriver à sa propre conclusion, de savoir ce qui
convient le mieux à chacun, c'est de procéder à
une étude comparative. Et c'est par l'observation
et l'étude que chacun de nous finira par trouver
l'enseignement qui lui convient le mieux. C'est
ainsi que je vois les choses.

Je ne vais pas conseiller le bouddhisme à tout
le monde, non, vraiment pas. Il y a certainement
des personnes pour qui la religion ou l'idéologie
bouddhique est plus adaptée, plus efficace, mais
cela ne signifie pas qu'elle convienne à *tous*.

Troisième entretien

En guise d'introduction à cette séance de questions-réponses, le Dalaï-Lama aborde un autre des concepts clés du bouddhisme : l'impermanence du palpable (autrement dit sa définition même). Il rappelle à ses auditeurs que les choses matérielles finissent toujours par disparaître, contrairement aux choses de l'esprit qui demeureront à jamais.

Après avoir distingué l'essence du bouddhisme de ses variantes culturelles, le Dalaï-Lama revient sur l'interprétation des écrits bouddhiques à la lumière de la science occidentale. Il conseille de ne pas s'en tenir à une interprétation littérale, d'accepter les faits, et rappelle que les Quatre Nobles Vérités constituent le fondement des enseignements de cette religion. Les Quatre Nobles Vérités sont à la base d'une meilleure compréhension de la pensée bouddhiste. Il est donc très intéressant de lire le Dalaï-Lama les présenter et fixer leur cadre d'interprétation.

Il reconnaît la puissance de lieux saints comme

Bodhgaya et donne des précisions sur ce qu'il nomme le « gourou intérieur » – le niveau d'entendement subtil de celui qui veut ouvrir et exercer sa conscience. Cela lui permet de mettre en garde contre une fausse attente du gourou et contre les projections auxquelles certains sont vite enclins. Suivre un gourou, qu'il soit intérieur ou extérieur, ne signifie ni se laisser prendre en charge, ni suivre aveuglément une voie (voix).

Le Dalaï-Lama se dit convaincu que chacun possède une conscience individuelle de l'état de Bouddha, état d'éveil et de compassion. Ainsi, répondant à une question sur le désarmement nucléaire, il rappelle que le premier pas vers la paix mondiale est forcément une paix de l'esprit fondée sur un sentiment d'empathie fraternelle, sur un plan autant individuel que collectif.

Une question sur le port de la robe de moine en Occident lui offre l'occasion de conclure sur la nécessité de se dégager des formalismes. L'essentiel demeure de vivre en paix, d'aider les autres et d'éviter de leur causer du tort, tout simplement.

SA SAINTETÉ. – Bonjour à tous ! Cette fois, je ne suis à Bodhgaya que pour quelques jours et j'ai été très occupé jusqu'à maintenant. En même temps, il semblerait que vous soyez beaucoup plus nombreux que l'an passé.

Les enseignements sont terminés et chacun s'apprête à rentrer chez soi. En dehors de vos souvenirs, il ne restera bientôt plus rien de votre séjour ici. Mais sachez que, en tant que bouddhiste, il ne faut pas voir les choses seulement à l'échelle d'une vie, mais à l'échelle de trillions et de trillions d'années. C'est une forme de pratique qui me paraît très importante.

Même si nous devons commencer par apprendre auprès d'un maître ou dans les livres, il faut ensuite appliquer ce que nous avons appris à toute nouvelle expérience et aux événements de la vie quotidienne. En l'occurrence, le départ de Bodhgaya peut en attrister certains. Mais ne voir que cela et penser : « Maintenant, je pars et nous ne nous reverrons plus jamais » ne sert pas à grand-chose. Si nous contemplons au contraire le sens profond de ce départ, la leçon implicite d'impermanence qu'il contient sur la signification du changement et la nature de la vie humaine, alors cette expérience peut se révéler utile. Elle revêt un sens. Physiquement, nous partons, mais nos souvenirs et les expériences que nous aurons vécues à Bodhgaya resteront gravés dans notre esprit. Le souvenir physique ne peut demeurer indéfiniment en vous. Il durera un temps, puis disparaîtra. Car toutes choses matérielles extérieures, quelle que soit leur importance ou leur beauté, finissent par s'effacer. Mais les phénomènes essentiellement liés à la conscience, à l'expérience intérieure, ceux-là demeureront toujours en vous.

Votre Sainteté, comment distinguer l'essence du bouddhisme de ses variantes tibétaines ?

SA SAINTETÉ. – Je pense que des enseignements de base comme les Quatre Nobles Vérités et les Deux Vérités (relative et ultime) sont le fondement même du bouddhisme. On peut trouver ces enseignements dans le bouddhisme indien, le bouddhisme japonais, chinois, thaï, birman aussi bien que dans le bouddhisme tibétain. Toutes ces formes du bouddhisme ont en commun l'enseignement des Quatre Nobles Vérités. Quant aux enseignements tantriques, ils ne sont pratiqués qu'au Tibet, au Japon et peut-être aussi en Corée, ce qui n'enlève rien à leur authenticité.

Dans certains types de prières ou de rituels du bouddhisme tibétain, il est des aspects mineurs qui sont des adaptations tibétaines ; on peut s'en passer pour transmettre le bouddhisme dans d'autres cultures. Par exemple, lors des *pûjâ* [1], nous utilisons des instruments de musique comme la conque, que nous avons ramenée de l'Inde. Au Tibet, on utilisait jadis d'autres instruments. Quand vous autres Occidentaux accomplissez ces *pûjâ*, vous n'êtes pas obligés de vous servir des mêmes instruments que nous, vous pouvez prendre les vôtres.

C'est un exemple d'adaptation locale parmi d'autres. Il se peut qu'ailleurs, dans une autre culture et avec d'autres gens, ces détails soient inadaptés et qu'il faille les changer. En Occident, par exemple, la tradition privilégie le chant ; les chrétiens chantent beaucoup pour exprimer leur spiritualité. C'est très bien, très utile.

De nombreux points mentionnés dans les enseignements bouddhistes sont en contradiction avec la science occidentale. Par exemple que la Lune est située à 1 600 km de la Terre, etc. Beaucoup de maîtres prennent encore les Écritures au sens littéral, persuadés que la science occidentale se trompe. Votre Sainteté pourrait-elle nous dire ce qu'il faut penser des enseignements du Bouddha et de nos maîtres qui s'y tiennent littéralement ?

---

1. Offrandes rituelles.

SA SAINTETÉ. – C'est une question très délicate. Mais je crois – et je l'ai dit à plusieurs reprises – qu'en règle générale l'attitude d'un bouddhiste sur tout sujet doit se conformer aux faits. Si, à l'issue d'une investigation, vous estimez qu'il y a des preuves valables d'un phénomène donné, alors vous devez l'accepter. Ce qui ne veut pas dire pour autant que certains sujets ne dépassent pas les facultés humaines de raisonnement par déduction – c'est une autre question. Mais des points comme la position de la Lune et des étoiles sont accessibles à l'esprit humain. Dans ce cas, il est important d'accepter les faits, la situation réelle, quelle qu'elle soit. Les mesures et descriptions données dans nos Écritures ne correspondent pas toutes à la réalité. Dans ce cas, il faut accepter la réalité plutôt que la littéralité des textes. Ce doit être l'attitude de base.

Si un point donné est contraire au raisonnement ou qu'il se révèle faux après une recherche, il ne peut être accepté. C'est la règle, c'est l'attitude générale. Par exemple, si un phénomène est directement expérimenté par les sens, alors cela ne fait aucun doute, il faut l'accepter.

Les écrits bouddhiques abondent en théories cosmologiques. Nous croyons en l'existence de billions et de billions de mondes, de la même façon que, pour la science occidentale, il existe un nombre infini de galaxies. C'est expliqué très clairement dans les Écritures, même s'il y a des différences de taille et de forme. Par exemple, les textes parlent du mont Mérou qui serait le centre de la Terre. Si l'on suit la description qui en est donnée dans les Écritures, on devrait pouvoir le trouver, tout au moins avoir quelques indications de son existence, mais ce n'est pas du tout le cas. C'est pourquoi il ne faut pas s'en tenir au sens littéral. Si certains maîtres le font, c'est leur problème. Inutile de vouloir argumenter avec eux. Vous pouvez choisir votre propre interprétation et leur laisser la leur.

Tout cela n'est finalement pas si important. Le fondement des enseignements, les Quatre Nobles Vérités, nous parle de la nature de la vie, de la nature de la souffrance, de la nature de l'esprit – et c'est cela qui compte le plus, tout ce qui concerne notre vie. Que le monde soit rond ou carré importe peu tant qu'il demeure un lieu de paix et de bonté.

Votre Sainteté pourrait-elle nous parler du pouvoir d'un lieu saint comme Bodhgaya ? En quoi les bonnes actions accomplies ici sont-elles plus génératrices de mérites ?

SA SAINTETÉ. – Le fait qu'un grand nombre d'êtres saints, avancés sur la voie, séjournent et pratiquent à un endroit donné modifie l'atmosphère ou l'environnement du lieu, qui en devient comme imprégné. Et lorsqu'une personne peu expérimentée ou peu avancée vient séjourner et pratiquer à cet endroit, elle le ressentira peut-être, même si la conjonction d'autres facteurs est bien sûr nécessaire – telles une motivation juste et certaines forces karmiques – pour que cette expérience soit possible.

Selon les enseignements tantriques, il y a dans les lieux importants des êtres non humains, tels les *dâkinî*, au corps beaucoup plus subtil que celui des hommes. Lorsque des êtres d'une grande spiritualité viennent méditer et accomplir des rituels en ces lieux, les *dâka* et les *dâkinî* l'apprennent et viennent y séjourner. On remarque alors des sons ou des odeurs inhabituels et inexplicables. C'est le signe que des êtres supérieurs, des êtres qui ont plus d'expérience que les humains, résident en ce lieu – ce qui peut à son tour contribuer à sa réputation. Pour ce qui est de Bodhgaya, nous savons que le Bouddha lui-même a choisi cet endroit pour une raison particulière – c'est ce que nous pensons. La puissance de sa prière fait que ses disciples, quand ils s'y rendent à leur tour, ressentent parfois quelque chose – de sorte que la puissance de la prière du Bouddha peut aussi jouer un rôle.

Peut-être faut-il aussi prendre en compte les facteurs psychologiques humains. Par exemple, les bouddhistes du Mahâyâna ont un lien très fort avec le Bouddha Shâkyamuni, Nâgârjuna, etc. En ce qui me concerne, je me sens proche du Bouddha, de Nâgârjuna, d'Asanga et de tous les grands êtres !

Alors, quand on se trouve sur le lieu même où ces gens sont nés, où ils ont vécu, on éprouve quelque chose. Si vous faites bon usage de ce sentiment, tout va bien, il n'y a rien de mal à cela.

Pourriez-vous nous dire comment accéder au gourou intérieur et au gourou absolu ?

SA SAINTETÉ. – En général, on dit qu'il existe un gourou intérieur, un gourou extérieur et un gourou secret. C'est expliqué dans les textes, étant entendu que la façon d'interpréter ou d'expliquer ces concepts diverge légèrement selon les lignées *Nyingmapa, Kagyupa, Sakyapa* ou *Guélougpa* [1], de même qu'il y a des divergences selon les traditions dans la façon d'expliquer les quatre sortes de mandala : le mandala extérieur, le mandala intérieur, le mandala secret et le mandala de la réalité (*de kho na nyid*).

Le gourou intérieur est la conscience la plus subtile du gourou, cette conscience étant exactement identique à celle que vous avez en vous-même. Quelle est la différence entre les deux ? Le gourou, qui utilise cette conscience subtile dans sa pratique, la vit sciemment, si bien qu'elle devient une forme de sagesse. Lors d'un évanouissement ou au moment de la mort, nous faisons nous aussi l'expérience de cette conscience

1. Les quatre principaux ordres du bouddhisme tibétain.

subtile. Cependant, au quotidien, bien que cette conscience soit là, bien qu'elle soit en nous, nous ne le savons pas, nous ne reconnaissons pas sa présence. Le vrai gourou, le gourou intérieur, est donc la conscience qui existe en nous-mêmes. C'est aussi le protecteur intérieur, le refuge ultime véritable. L'expérience de cet état *est* le vrai maître, le vrai protecteur, le vrai Dharma. Voilà pour ce qui est du gourou intérieur.

Quant à la manifestation de cette conscience sous la forme d'un corps humain, c'est ce que nous appelons le gourou extérieur.

Le gourou secret est la méthode ou la voie par laquelle nous percevons cette conscience : par exemple la méditation sur les *chakra* et les canaux, la méditation sur la respiration, la production de félicité et de chaleur intérieure. Nous parlons alors de gourou secret, car c'est au travers de ces techniques que nous réalisons le gourou intérieur. Cette conscience subtile est appelée tantôt « gourou intérieur », tantôt « gourou ultime », les deux termes sont synonymes.

Dans les soutras, particulièrement dans l'école du *Mâdhyamaka*, « l'absolu » désigne *shunyata*, la vacuité. Dans les tantras du véritable *Mahânuttarayoga*, le mot « absolu » revêt deux significations. Il peut désigner *shunyata*, mais aussi la conscience subtile (en opposition aux niveaux ordinaires ou vulgaires de l'esprit). Quant aux tantras, lorsqu'ils parlent de « l'ultime », ils se réfèrent généralement à cet aspect-là de la conscience : non pas la conscience ordinaire, mais une conscience appelée *rig pa*, la conscience ultime, subtile, primordiale. Bien que cette conscience subtile soit habituellement dominée par les sens, elle s'exerce, même lorsque les cinq sens ne sont pas actifs.

Car les sens sont tous des formes de conscience. La conscience visuelle voit la couleur, la forme de son objet ; la conscience auditive en perçoit les sons. Ces types de conscience sont tous différents, leur objet est différent, mais ils sont tous de même nature, ils participent tous de la connaissance. Ils l'acquièrent au travers de divers moyens de perception, mais il s'agit toujours de connaissance. Cet aspect, qu'ils ont en commun, s'appelle *shes pa*, « connaissance ». Et *rig pa*, ce que nous appelons « conscience », cette conscience subtile la plus profonde, participe aussi du « connaissant ». Elle sert à connaître, tout comme la conscience visuelle. En fait, la conscience grossière des sens comme la conscience subtile *rig pa* participent toutes deux de la connaissance. Elles servent toutes à « connaître ». Toutefois, les niveaux grossiers de conscience ne « connaissent » que grâce à la conscience subtile. La nature fondamentale de la connaissance provient donc de l'existence de la conscience subtile. De sorte que, même aux moments où les organes sensoriels sont très actifs, à condition de disposer des instructions d'un maître qualifié et expérimenté, nous pouvons distinguer ces deux modes de perception : la conscience grossière et la conscience subtile.

Ce sont là des questions difficiles. C'est déjà, en soi, un sujet complexe, et si vous ajoutez à cela la pauvreté de l'anglais du Dalaï-Lama, cela donne quelque chose d'assez bizarre. C'est vraiment honteux. J'ai beau faire des efforts quand je m'exprime en anglais, les mots ne me viennent jamais aussi facilement que je le voudrais. Et, au lieu de faire des progrès, j'ai parfois même l'impression que cela empire !

Votre Sainteté, existe-t-il une conscience individuelle ? Quelle partie de la conscience subsiste après la mort ? Y a-t-il dissolution totale de la conscience lorsqu'on atteint la bouddhéité ?

SA SAINTETÉ. – La conscience ne disparaît pas, même si un certain type de conscience cesse d'exister. Par exemple, la conscience tactile qui est présente dans le corps humain cesse d'agir quand le corps meurt. Il en va de même des consciences influencées par l'ignorance, la colère ou l'attachement. En réalité, tous les niveaux grossiers de la conscience cessent d'agir. Mais la conscience subtile la plus profonde, la conscience ultime et fondamentale, ne disparaît jamais. Elle n'a ni commencement ni fin. Cette conscience demeurera toujours. Quand nous atteignons la bouddhéité, elle devient l'omniscience éveillée, mais elle reste quelque chose d'individuel. La conscience du Bouddha Shâkyamuni et celle du Bouddha Kashyapa, par exemple, sont distinctes. L'individualité de la conscience ne disparaît pas avec la bouddhéité. Les esprits de tous les bouddhas ont les mêmes qualités – dans le sens où leurs consciences sont similaires –, mais ils préservent leur individualité.

Que pensez-vous du désarmement nucléaire unilatéral ?

SA SAINTETÉ. – Vous savez, la paix mondiale passe nécessairement par la paix mentale. Quant à la méthode, de nombreux facteurs sont à prendre en considération. Une approche sera parfois plus appropriée qu'une autre selon les circonstances. C'est une question très complexe qui nous oblige à étudier la situation à un moment donné, à prendre en compte la motivation de l'autre partie, etc.

Ce qu'il ne faut pas perdre de vue, c'est que nous voulons tous être heureux. La guerre, elle, n'apporte que souffrance – c'est très clair. Même en cas de victoire, de nombreuses vies sont sacrifiées au prix de beaucoup de souffrance. Par conséquent, ce qui compte c'est la paix. Mais comment obtenir la paix ? Par la haine, la compétition à outrance, la colère ? Il est évident que ces moyens ne font accéder à aucune paix durable. La seule voie d'accès à une paix durable est la paix mentale, la paix de l'esprit. La paix ne pourra s'établir dans le monde que si elle est fondée sur un sentiment de fraternité, de compassion. La prise de conscience réelle de l'unité de l'humanité est quelque chose de très important. Nous en avons vraiment besoin. C'est en tout cas le message que je tiens à transmettre partout où je vais.

Le port de la robe de moine pose parfois des problèmes en Occident. On nous regarde souvent avec un drôle d'air. Pensez-vous souhaitable de porter la robe de moine dans les pays non bouddhistes ?

SA SAINTETÉ. – Une opinion doit toujours se fonder sur une situation donnée dans des circonstances données. Si vous pouvez porter la robe sans déranger les autres, il est bien sûr souhaitable de le faire. Mais il arrive parfois, dans certains cas, que cela soit difficile.

En tant que pratiquants, nous devons avant tout rester au sein de la société. Si la société a une attitude négative envers nous, ce n'est bon ni pour nous, ni pour la société. C'est la position fondamentale. Si, pour cette raison, il n'est pas souhaitable de porter la robe, alors mieux vaut ne pas le faire. Si les circonstances changent, vous pourrez toujours changer. La société elle-même évolue peu à peu. En Occident, le bouddhisme n'a jamais été très développé, mais cela commence à changer. Quand des moines prennent l'avion aujourd'hui, ils sont reconnus en tant que moines, ce qui n'était pas le cas il y a trente ans. Alors vous voyez, les choses changent avec le temps. Ce qui compte, ce n'est pas tant l'habit que nous portons mais notre comportement dans la vie quotidienne.

Merci beaucoup. Aujourd'hui nous n'avons pas eu beaucoup de temps, mais je suis heureux d'avoir pu partager ces moments avec vous. Nous venons de différents points du globe, de diverses traditions spirituelles, mais nous avons tous le même esprit humain. N'est-ce pas ? Lorsqu'on regarde nos qualités humaines fondamentales, nous sommes tous semblables, il n'y a pas de différence. Certes, en surface, les différences sont nombreuses. Mais à un niveau plus profond, nous sommes tous des frères et sœurs de la même espèce humaine. Aucune barrière n'existe entre nous. Tout le monde veut être heureux et personne ne veut souffrir, et chacun a droit au bonheur éternel. C'est pourquoi nous devons exprimer notre souffrance et nous aider mutuellement. Si nous ne pouvons pas aider les autres, efforçons-nous pour le moins ne pas leur causer du tort. C'est le principe de base. Que nous croyions ou non à une nouvelle existence n'a pas d'importance. Ce qui compte, c'est de vivre dans la concorde, avec un authentique sentiment de fraternité. C'est ainsi que nous parviendrons à une véritable paix dans le monde, ou, à défaut, à la paix là où nous vivons. Voilà ce qui importe vraiment. Merci beaucoup.

Quatrième entretien

Le Bouddha est-il une création de notre esprit ? Qui ne s'est déjà posé cette question ? La poser directement au Dalaï-Lama prouve l'attitude d'ouverture inhérente au bouddhisme. Ce nouvel entretien débute donc ainsi, donnant au Dalaï-Lama l'occasion de clarifier les notions de Bouddha et de bouddhéité, et de rappeler que nous possédons tous ce niveau de conscience.

La pratique du bouddhisme comprend une série d'actes – prosternations quotidiennes, prières, offrandes – dont le but est l'accumulation de mérites. À ce sujet, le Dalaï-Lama rappelle le rôle essentiel de la motivation et de l'objet de l'offrande.

Il explique ensuite l'importance d'autres pratiques destinées à faire cesser l'agitation de l'esprit, surtout la production de concepts et de problématiques manichéennes et dualistes : la concentration et une méthode de méditation contemplative conduiront à la compréhension de la vacuité. Dans sa réponse à une question sur l'utilité des mantras, *le Dalaï-Lama rappelle l'efficacité des techniques tantriques de méditation pour comprendre la vacuité et cumuler mérites et sagesse.*

Il aborde ensuite la question de la personne et de sa conscience mentale : la conscience mentale n'est pas la personne, elle n'est pas le soi. Petite démonstration à partir des arguments des grands maîtres bouddhistes.

Le Dalaï-Lama aborde ensuite une question délicate, le choix d'un maître spirituel, recommandant la prudence. Une fois la relation gourou-disciple établie, un lien karmique est créé et il faut accepter son maître avec ses défauts, tout en gardant envers lui foi et respect.

Concernant l'attitude à adopter face à la famille et aux amis non bouddhistes, le Dalaï-Lama évite toute généralisation, s'attachant comme toujours à ne pas répondre de manière absolue, mais en fonction des situations. De même pour ce qui est du respect des préceptes : il rappelle qu'ils constituent un idéal mais qu'il faut toujours juger en fonction d'un ensemble donné de circonstances.

Il termine ce quatrième entretien, qui l'a conduit à aborder des sujets très variés, par une réflexion sur les déités protectrices du panthéon bouddhiste et sur le rôle qu'il convient véritablement de leur accorder. La question des déités est presque futile, conclut-il en substance. Les véritables protecteurs restent le Bouddha, le Dharma et la Sangha.

Pour les chrétiens, Dieu est omniscient, miséricordieux, omnipotent, et il est le Créateur. La notion bouddhique du Bouddha est identique, excepté qu'il n'est pas le créateur. Dans quelle mesure le Bouddha a-t-il une existence en dehors de notre esprit, un peu comme les chrétiens voient leur Dieu ?

SA SAINTETÉ. – Il y a deux façons d'interpréter cette question. La plus générale, c'est de savoir si le Bouddha peut être dissocié de l'esprit, c'est-à-dire si le Bouddha est un phénomène désigné ou étiqueté par l'esprit, étant entendu que tout phénomène est étiqueté par le langage et la pensée conceptuelle. La réponse est que le Bouddha n'est pas un phénomène séparé de l'esprit en ce sens que notre esprit l'étiquette en lui attribuant un nom ou en lui associant un concept.

D'autre part, cette question pose le problème du lien entre la bouddhéité et notre esprit, sachant que la bouddhéité, ou état de Bouddha, est le but à atteindre. La bouddhéité est l'objet de refuge ultime auquel nous aspirons. Or notre esprit est lié à la bouddhéité ; il n'en est pas séparé au sens où cet état sera progressivement atteint par sa purification systématique : c'est en purifiant progressivement notre esprit que nous atteindrons un jour la bouddhéité. Ce Bouddha que nous deviendrons est dans la continuité de ce que nous sommes, mais il sera différent, par exemple, du Bouddha Shâkyamuni. Ce sont deux personnes distinctes. Nous ne pouvons pas atteindre l'éveil du Bouddha Shâkyamuni, car celui-ci lui est propre.

En revanche, si la question est de savoir si notre esprit est séparé de l'état de bouddhéité – si nous entendons par bouddhéité la pureté fondamentale de l'esprit –, alors la réponse est que, bien sûr, c'est quelque chose que nous possédons déjà. Même aujourd'hui, notre esprit participe de la pureté essentielle. C'est ce qu'on appelle la « nature de Bouddha ». La nature même de l'esprit, sa capacité de connaissance et d'intuition, en dehors de toute pensée conceptuelle, peut aussi s'appeler « nature de Bouddha ». Pour être exact, c'est l'esprit de la Claire Lumière, notre essence la plus profonde, que nous appelons la « nature de Bouddha ».

À propos de la production de mérites, nous devons reconnaître que les chrétiens acquièrent des mérites comme les bouddhistes ; la source des mérites ne peut donc résider seulement dans le destinataire des offrandes – le Bouddha ou Dieu.

Ce qui m'amène à penser que la source des mérites réside dans notre propre esprit. Quel est votre avis sur la question ?

SA SAINTETÉ. – L'essentiel est la motivation, mais il y a certainement une différence selon le destinataire des offrandes. La motivation pure doit toujours être fondée sur le raisonnement, c'est-à-dire vérifiée par une connaissance solide. Mais il ne fait aucun doute que ce qui compte le plus, c'est la motivation.

Par exemple, lorsque nous générons la Grande Compassion, nous prenons comme objet les êtres sensibles. Mais ce n'est pas du tout pour cela que la Grande Compassion est spéciale. Quand nous méditons sur la Grande Compassion du fond de notre cœur, nous savons que de multiples bénéfices résultent de notre méditation, sans que cela soit dû à son objet. C'est en pensant à la bonté des êtres sensibles que nous générons en nous-mêmes la Grande Compassion et que nous en tirons des bénéfices, mais la bénédiction ne provient pas des êtres sensibles eux-mêmes ni de rien qui leur soit inhérent. C'est pourquoi, du strict point de vue de la motivation personnelle, il peut y avoir quantité de bénéfices.

De même, quand nous prenons le Bouddha comme objet, si notre motivation repose sur une foi profonde et très solide et que nous lui faisons des offrandes, il en résultera de grands bénéfices. Bien qu'un objet de dévotion approprié soit nécessaire, par exemple un objet ayant d'infinies qualités positives, l'essentiel n'en reste pas moins la motivation, la foi profonde. Cela dit, il y a sans doute des différences selon le destinataire de nos offrandes.

Si les êtres sensibles n'existaient pas, nous ne pourrions pas les prendre comme objets de notre méditation et la Grande Compassion ne pourrait pas naître en nous. Dans cette perspective, l'objet est donc très important. S'il n'y avait pas d'êtres sensibles en détresse, la compassion ne pourrait jamais naître. De ce point de vue, l'objet – les êtres sensibles – n'est pas indifférent.

Notre esprit ne cesse de produire des concepts. Votre Sainteté pourrait-elle nous expliquer comment méditer de façon à libérer l'esprit des concepts ?

SA SAINTETÉ. – Dès lors que l'esprit demeure fixé sur un objet, certains types de concepts ou de vues erronées ne peuvent plus apparaître. Mais cela revient à fermer la porte aux concepts, qui resurgissent dès qu'on sort de cet état de méditation. Ils restent tapis derrière la porte, prêts à réapparaître dès que nous l'ouvrirons. Ce n'est donc qu'un soulagement temporaire, comme de prendre une aspirine lorsqu'on a mal à la tête. Pour déraciner totalement les vues erronées, il faut cultiver la sagesse et, pour percevoir la vacuité, il faut méditer sur la vacuité.

Bien qu'ayant complètement éliminé toutes les émotions négatives ou *klesha*, les *arhat*, aussi bien les *shrâvaka* que les *pratyeka-buddha*, n'en ont pas moins des vues fausses, dualistes. Même dans le *Mahâyâna*, les *bodhisattva* qui sont parvenus aux huitième, neuvième et dixième stades de leur carrière ont beau s'être défaits des émotions négatives, ils ont encore des perceptions. C'est pourquoi, tant qu'on n'a pas atteint la bouddhéité, on conserve des vues dualistes, excepté lors des méditations contemplatives sur la vacuité. Tant qu'on n'a pas atteint la bouddhéité, on passe par des périodes successives de concentration de l'esprit sur un point, puis d'éveil, et ainsi de suite. Avant que l'état de Bouddha soit atteint, les facteurs perturbateurs de la connaissance nous font voir les deux vérités comme différentes. C'est l'explication avancée dans le système des soutras.

Selon les tantras, en particulier le *Guhyasamaja*, tant qu'on n'a pas atteint la Claire Lumière – l'essence la plus profonde –, on continue à souffrir des apparences dualistes. Mais dès lors qu'on demeure dans la Claire Lumière, les phénomènes cessent d'apparaître comme duels. En mettant fin aux obscurcissements de la connaissance, c'est-à-dire à ce qui perturbe notre connaissance des phénomènes, on met fin à l'illusion faisant apparaître les deux vérités comme distinctes. Dès lors, celles-ci ne semblent plus être de différentes natures. Et lorsque s'efface l'empreinte qui fait appréhender les deux vérités comme de natures différentes, alors, sans même que le sujet (mettons une chaise) soit perçu, sa réalité ou sa nature, c'est-à-dire sa vacuité, devient perceptible. Elle peut être perçue directement. Au travers de cette pratique de méditation contemplative sur la vacuité, le sujet lui-même est perçu directement. L'empreinte de l'apparence dualiste est détruite à la racine, de sorte que toutes les illusions cessent et que les phénomènes conventionnels sont perçus directement. L'esprit qui perçoit directement la vacuité perçoit directement les phénomènes conventionnels, hors toute pensée conceptuelle. C'est une question très complexe.

En tibétain, le mot « perception », *rtog pa*, revêt de nombreux sens. Par exemple, il y a des vues erronées (*log rtog*) de la vraie existence, *bden 'dzin gyi rtog pa*, etc. Certaines sont donc à éliminer, elles nuisent à l'individu. Le mot « perception » n'est cependant pas toujours négatif. L'apparence des phénomènes conventionnels en est un bon exemple. Notre perception des phénomènes conventionnels ne nous cause pas de tort. Elle ne fait aucun mal. Il faut donc savoir que le mot « perception » a différentes connotations. Par exemple, nous pensons couramment :

« C'est comme ceci », ou « C'est comme cela ». Ce genre d'opinions ne fait aucun mal, n'est-ce pas ?

Votre Sainteté pourrait-elle nous expliquer en quoi la conscience mentale n'est pas la personne ?

SA SAINTETÉ. – Certaines écoles bouddhiques acceptent la conscience en tant que personne, comme double de la personne. C'était le cas de l'*acharya* Bhâvaviveka, n'est-ce pas ? Bhâvaviveka était un grand maître du *Mâdhyamaka*, la Voie du Milieu, et il a même surpassé l'*acharya* Buddhapâlita, pourtant considéré comme l'un des plus grands disciples du protecteur Nâgârjuna.

Après l'*acharya* Buddhapâlita, il y a eu l'*acharya* Chandrakîrti, qui était un philosophe *prâsanguika*. Selon l'école *prâsanguika*, la conscience est « ce qui sait », elle est « le connaissant ». Si l'on part de l'hypothèse que la conscience est le « soi », on ne peut poser comme principe que la conscience la plus subtile est le soi, ou un double du soi, car seule la conscience la plus subtile telle qu'elle est expliquée dans les tantras pourrait prétendre l'être. En fait, cela n'a pas de sens de dire que les niveaux grossiers de la conscience sont le soi, car, dans les états de méditation contemplative, tous les niveaux grossiers de la conscience sont désactivés. C'est pourquoi certains considèrent l'*âlaya vijñâna*, la « conscience du tréfonds », comme étant le soi, car, lorsque les niveaux grossiers de la conscience sont désactivés, l'*âlaya vijñâna*, elle, demeure active. Les tenants de cette école estiment par conséquent nécessaire de distinguer la conscience la plus subtile de ses niveaux grossiers, une conscience qui subsisterait même quand les niveaux grossiers cessent. Pour eux, c'est ce niveau subtil, la « conscience du tréfonds », qui est le soi. De sorte que, en toute logique, si l'on doit énoncer une forme de conscience qui soit un double du soi, qui *soit* le soi, il ne peut s'agir que de la conscience subtile.

C'est cette entité, ce phénomène qui est engagé dans l'action de « connaître », qui participe de la connaissance, qu'on appelle la « conscience ». Or le fait d'affirmer qu'il s'agit du soi impliquerait – ce qui est une absurdité – que l'acteur et l'action, le sujet de l'action et l'action elle-même, sont identiques. Nous employons des expressions comme « je connais » ou « je sais ». Si le « soi » n'était pas différent du « connaître », des expressions telles que « je connais » n'auraient pas de sens.

De surcroît, si l'on donne la conscience comme double du soi, lorsqu'on cherche l'objet étiqueté, le soi, on devrait trouver quelque chose, ce qui n'est évidemment pas possible.

Mais surtout, le principal argument est

toujours le même : des expressions convention-
nelles comme « *mon* corps », « *mes* paroles »,
« *mon* esprit », etc., impliquent une personne
faisant l'expérience, quelqu'un possédant le soi,
c'est-à-dire utilisant ou possédant les cinq agrégats, dont la conscience. Par conséquent, la
conscience étant ce qui appartient au soi, ou ce
que le soi utilise, elle ne peut être le soi. Il y
aurait probablement d'autres choses à dire sur le
sujet, mais c'est tout ce qui me vient à l'esprit
pour le moment.

*Si le maître spirituel auprès duquel nous étudions
fait l'objet de critiques mais que nous ne lui trouvons aucun défaut, y a-t-il une raison de ne plus
lui accorder notre confiance ?*

SA SAINTETÉ. – C'est une question compliquée,
très délicate. Avant de reconnaître quelqu'un
comme son maître spirituel (son *lama* ou son
gourou), il convient de bien examiner la situation. On peut recevoir des enseignements d'un
maître sans pour autant le reconnaître comme
son gourou. On peut très bien le considérer
comme un ami du Dharma, apprendre à ses
côtés et assister à ses enseignements. Mais on ne
pourra pas recevoir d'initiations de lui tant
qu'on ne l'aura pas considéré comme son gourou. De tels maîtres seront alors de simples amis
spirituels. Ce qui n'empêche pas qu'on puisse

toujours recevoir des enseignements généraux auprès d'un maître que l'on ne considère pas comme son gourou.

Avant de créer un lien karmique avec quelqu'un, il est nécessaire de bien écouter les critiques. Il faut toujours analyser la situation.

Mais à partir du moment où l'on a reçu une initiation auprès d'un maître spirituel, la relation gourou-disciple est établie et, même si l'on pense plus tard que c'était prématuré, cette relation existe. Aussi vaut-il mieux alors ne pas écouter les critiques dont notre maître spirituel fait l'objet et poursuivre simplement notre chemin. L'essentiel est de garder une attitude neutre, sans porter un jugement sur le bien-fondé des critiques.

D'un autre point de vue, il est tout à fait possible de reconnaître la source de notre foi dans un gourou et en même temps d'admettre qu'il a des défauts. Nous pouvons très bien recevoir un enseignement du Dharma auprès d'un maître qui sera pour nous, à cause de cela, source de respect et de confiance. Cela ne peut être remis en cause. Et si notre gourou, dans ses activités quotidiennes, a différents défauts, il faudra accepter la réalité. S'il a des défauts, il faut les reconnaître. Ce qui ne remet pas en cause notre foi et notre respect envers lui dans la mesure où il est la source des enseignements du Dharma. Ce type de critique ne détruira jamais l'affection ou la confiance que nous pouvons avoir envers lui en tant que source des enseignements du Dharma. Il est donc possible d'adopter une attitude plus réaliste, celle d'identifier et de reconnaître les défauts de notre maître spirituel, sans perdre le respect et la foi ressentis à son égard. Mais en général, mieux vaut être prudent *avant* de s'ouvrir à un enseignement.

Un maître renommé, qui enseigne le Vipassanâ *dans la tradition du* Theravâda, *a déclaré que, pour atteindre l'Éveil, les mantras sont inutiles. Ils stimulent peut-être les* chakra *et produisent des sentiments de félicité, mais, pour atteindre l'Éveil complet, ils sont inutiles. Il soutient même qu'il est beaucoup plus facile de méditer avec des mantras, car ces derniers distraient le mental. Il dit aussi que les visualisations ne peuvent nous conduire à l'Éveil, car nous créons ainsi une illusion qui devient partie intégrante de nous-mêmes, ajoutant seulement de nouvelles illusions aux autres, sans jamais comprendre la réalité.*
Ma question, du point de vue du mantra secret, c'est-à-dire du Véhicule tantrique, est de savoir quels sont les bénéfices et le but de la récitation et de la visualisation de mantras.

SA SAINTETÉ. – C'est une excellente question, qui a été soulevée autrefois par nombre d'érudits indiens. Le mot « mantra » ne désigne bien souvent que la récitation de mantras, ce qui n'est pas le sens réel des tantras. Mais laissons cela de côté pour le moment pour nous concentrer sur le sens réel, fondamental ou primordial des tantras, c'est-à-dire la véritable méditation tantrique.

À ce sujet, l'*âchârya* Buddhajnana a soulevé le problème suivant : il a dit qu'en dehors de l'illusion – la perception de la véritable existence – rien ne peut être considéré comme étant la racine du *samsâra*, des cycles d'existence. L'antidote capable de couper la racine du *samsâra* doit donc être un esprit qui s'oppose, qui soit en opposition avec cette perception de la véritable existence. Cet esprit agissant comme antidote dans l'élimination de la racine du *samsâra* doit avoir pour objet quelque chose qui soit en contradiction avec l'objet de la vraie perception, ou qui s'oppose à lui, cet objet étant la véritable existence. Par conséquent, comme antidote à la racine du *samsâra*, la « saisie du soi », il est nécessaire que l'esprit prenne pour objet l'antithèse de la « saisie du soi », à savoir le non-soi. L'objection a alors été soulevée que, lorsqu'un pratiquant médite sur le corps d'une déité, cette condition n'est pas remplie, ce qui revient à dire que le yoga des déités ne peut à lui seul nous permettre de comprendre ou de réaliser l'absence de soi, et que, en conséquence, la méditation qui génère des bénéfices – la méditation tantrique – ne peut couper la racine du *samsâra*.

L'*âchârya* Buddhajnana a répondu à cette objection par l'affirmation que la réalisation de la vacuité fait bien entendu partie de la méditation tantrique. Il a assuré que la visualisation des déités incluait – qu'en fait, elle *était* – la réalisation de la vacuité. Pourquoi cela ? Parce qu'on prend comme objet perçu, c'est-à-dire comme objet de référence, le corps de la déité, mais qu'on y perçoit *l'aspect ou la qualité de ce qui est sans essence.* Par exemple, lorsqu'on médite sur la vacuité d'une pousse, la pousse est le sujet, ou l'objet de référence, la vacuité son aspect ou sa qualité. De même, dans ce cas, le corps de la déité est l'objet de référence, son aspect étant la vacuité. On médite sur son corps qui a l'aspect ou la qualité de la vacuité.

Quelle est alors la différence entre le type d'esprit qui réalise la vacuité d'une pousse et celui qui réalise la vacuité du corps de la déité en pratiquant la visualisation des déités ? Dans le premier cas, l'objet, à savoir la pousse, est un phénomène produit en raison de certaines causes et actions. C'est quelque chose d'extérieur. En revanche, dans le dernier cas, le corps de la déité est simplement évoqué dans l'esprit du yogi. La pousse est une donnée factuelle tandis que la déité n'est qu'une visualisation, voilà la différence. L'aspect est cependant le même dans les deux cas : c'est la vacuité, l'absence d'existence véritable. Mais, du fait que les sujets sont diffé-

rents – d'un côté la pousse et de l'autre le corps
de la déité visualisée –, il y a une différence dans
le degré de difficulté à établir leur vacuité. Il y a
aussi une différence dans le degré de difficulté à
comprendre la vacuité de la personne et celle des
agrégats, la première étant plus facile à concevoir que la seconde.

Dans le processus de compréhension de la
vacuité de la pousse, l'apparence de la pousse
elle-même s'efface à mesure que l'on en comprend la vacuité, de sorte qu'à partir du moment
où la vacuité de la pousse – sa non-existence
inhérente – est comprise, la pousse elle-même
n'apparaît plus. La méditation tantrique exige un
effort particulier pour empêcher que l'objet de
référence – le corps de la déité – ne disparaisse
lorsque son aspect – la vacuité – est réalisé. Car
dans les tantras, lorsque la non-existence véritable ou la non-existence inhérente du corps de
la déité est réalisée, le corps de la déité ne disparaît pas pour autant, il reste présent. Nous avons
dit qu'il y a dans les tantras un effort particulier
à faire pour atteindre la réalisation de la vacuité
du corps de la déité tout en préservant son apparence. Dans le cas de la pousse, c'est-à-dire le
cas non tantrique, il n'y a pas d'effort particulier
à faire pour préserver l'apparence de la pousse.
Mais, tandis qu'il n'est pas nécessaire dans le
dernier cas de préserver cette apparence, il y a
des raisons d'essayer de préserver l'apparence

du *corps de la déité* au moment où sa vacuité est réalisée.

Il existe deux types d'accumulation : l'accumulation de mérites et l'accumulation de sagesse. Pour atteindre l'omniscience, il est nécessaire d'obtenir à la fois le *rûpakâya*, le corps formel, et le *dharmakâya*, le corps phénoménal. Et il faut pour cela accumuler mérites et sagesse. Dans le Véhicule des soutras, lorsque nous prenons le corps ou la statue du Bouddha comme objet de dévotion et que nous nous inclinons devant lui, nous accumulons des mérites. Au moment où le corps du Bouddha nous sert d'objet de prosternation, il peut même nous apparaître comme une illusion. Nous ne pouvons cependant pas vérifier son absence d'existence, car, dès lors qu'elle serait vérifiée, l'apparence de la statue du Bouddha disparaîtrait. Il est donc impossible, dans le système des soutras, de percevoir l'absence d'existence véritable des objets en même temps que nous générons des mérites. Dans le système des soutras, production de mérites et production de sagesse sont deux actions distinctes qui ne peuvent avoir lieu en même temps et font appel à deux esprits différents. Dans le système tantrique, en revanche c'est le même esprit qui accomplit les deux actions. En prenant le corps de la déité comme objet de référence, nous accumulons des mérites, et en réalisant que l'aspect ou la qualité du corps de cette déité est la vacuité, l'absence d'existence véritable, nous accumulons de la sagesse. Ces deux actions s'accomplissent simultanément.

Autre différence, la statue du Bouddha est dans le premier cas un objet externe, tandis que dans la pratique tantrique le corps de la déité est simplement créé ou imaginé dans l'esprit du yogi. En langage courant, on dirait qu'une image visualisée n'est pas un véritable objet. L'image visualisée est en tout cas plus subtile.

On ne visualise pas non plus une déité au hasard. Le corps de la déité est généré à partir de la sphère de la vacuité. Ce qui veut dire qu'on commence par méditer de son mieux sur la vacuité, selon le niveau de ses capacités, et qu'ensuite, depuis cette sphère de compréhension de la vacuité, on visualise le corps de la déité.

Voilà pourquoi la compréhension de la vacuité est contenue dans la voie tantrique, et pourquoi, par conséquent, cette dernière est à même de détruire la racine du *samsâra*. Dans le Véhicule des soutras, on parle d'une sagesse qui saisit la méthode ou d'une méthode qui saisait la sagesse. Mais dans la voie tantrique, c'est le *même et unique* esprit qui accomplit simultanément l'accumulation de mérites et l'accumulation de sagesse. Cet esprit a la faculté à lui seul d'accumuler des mérites *et* de la sagesse. C'est pourquoi, dans le système tantrique, on ne parle pas de sagesse saisissant des mérites ni de mérites saisissant la sagesse, mais simplement d'un esprit accomplissant les deux. Il faut en faire soi-même l'expérience pour constater s'il y a une différence ou non entre la médiation selon le système des soutras et la méditation selon la voie tantrique.

D'un autre point de vue, le Véhicule des soutras diffère également du Véhicule tantrique dans la mesure où il est possible dans le second d'accomplir les quatre sortes de réalisation, c'est-à-dire des activités extraordinaires comme les forces de pacification, de croissance, de maîtrise et de courroux. La visualisation de déités et de mandalas permet d'obtenir des résultats comme l'obtention d'une longue vie, le développement de la sagesse, etc.

Il y a également une différence entre le *Soutrayâna* et le *Tantrayâna* pour ce qui est de la qualité de la concentration de l'esprit en un seul point. Par exemple, dans l'un des tantras, le *Mâhanatturayoga-tantra*, il est question d'un type de méditation sur les énergies, les canaux, etc. Dans le système des perfections, c'est-à-dire le *Soutrayâna*, la vue profonde, le *vipashyanâ*, n'est qu'un type de méditation analytique, et *shamatha*, le calme mental, un type de méditation contemplative. Mais dans le système de l'*Anuttarayoga-tantra*, compte tenu de la différence entre les méthodes de méditation, on peut atteindre *vipashyanâ* simplement au moyen de la concentration en un seul point. C'est pourquoi, dans le système de l'*Anuttarayoga-tantra*, il est possible, en méditant sur les énergies, les canaux, etc., d'atteindre *vipashyanâ* par la simple méditation du type « concentration en un seul point », c'est-à-dire fixative.

Pourquoi cela ? Normalement, tant qu'on n'a pas analysé quelque chose, l'objet n'est pas clair. Le but de l'analyse est de rendre son objet plus clair. Or, dans le *Tantrayâna*, lorsqu'on pratique la méditation sur les énergies et les canaux, l'esprit devient de plus en plus subtil en raison d'une condition physique due aux méthodes de concentration. Et du fait que l'esprit devient de plus en plus subtil, même sans analyse, l'objet d'observation de cet esprit devient de plus en plus clair. Si bien que sans investigation, par la simple méthode de fixation de l'esprit sur un seul point, on peut atteindre *vipashyanâ*.

Rares sont ceux qui obtiennent des résultats, mais ceux qui y sont parvenus en pratiquant selon ces principes ont pu le vérifier. Cela a donc été prouvé. Ce point est extrêmement important.

Quelle attitude pourriez-vous nous conseiller face aux questions des membres de notre famille ou de nos amis non bouddhistes qui se demandent pourquoi nous faisons des retraites afin de pratiquer et d'étudier le Dharma au lieu d'être engagés « dans le monde » ?

SA SAINTETÉ. – Je pense que cela dépend de la situation. Car il faut toujours partir d'une situation donnée, telle qu'elle est. Face à quelqu'un de très religieux, on peut expliquer les choses d'une certaine façon. Mais face à quelqu'un qui ne pense qu'en termes de valeurs matérielles, qui porte un regard matérialiste sur la vie, alors, bien sûr, il faut recourir à d'autres arguments. [*S'adressant aux moines occidentaux*] Je pense que vous êtes de toute manière mieux placés que moi pour répondre à cette question.

Si l'on veut appliquer les préceptes du Mahâyâna *en Occident, faut-il les considérer comme des règles fixes ou plutôt comme un entraînement de l'esprit ? Peut-on par exemple prendre son repas de midi à une heure ? Peut-on adopter ces préceptes si l'on ne peut pas déjeuner avant une heure de l'après-midi ? Doit-on appliquer les préceptes dans leur totalité, ou seulement ceux pour lesquels on se sent prêt ? Est-ce que les cigarettes sont considérées comme des drogues ? Quels aliments faut-il éviter de manger ?*

SA SAINTETÉ. – On évalue généralement l'heure à partir de laquelle on ne peut plus manger en fonction de la position du soleil au milieu du ciel, où qu'on soit. La règle stipulant de manger avant midi signifie donc qu'on doit manger avant cette heure. Si, après avoir adopté les préceptes, on s'aperçoit que ce n'est pas possible, il n'y a rien à faire. Si, en adoptant ce précepte, on pensait pouvoir l'observer mais que des circonstances exceptionnelles nous mettent soudain dans l'impossibilité de manger avant l'heure prescrite, que peut-on y faire ? Si l'on s'était dit au départ : « Je mangerai toujours avant midi », mais qu'en raison de l'une ou l'autre circonstance, on se retrouve dans l'impossibilité de respecter cet engagement, alors il me semble nécessaire de faire une exception pour soi-même.

De manière générale, on doit s'abstenir de toute substance intoxiquante et, bien qu'il ne soit pas fait mention des cigarettes dans les Écrits, mieux vaut ne pas fumer. Cependant, il convient de juger de son cas personnel. Par exemple, si vous ne supportez pas de passer une seule journée sans fumer, si ne pas fumer du tout vous rend incapable de penser ou d'agir, alors mieux vaut fumer. Par conséquent, si votre motivation est sincère et que vous le faites afin de mieux pratiquer ce jour-là, ce n'est pas grave de fumer une cigarette ou deux. Je pense que c'est acceptable. L'essentiel, c'est de regarder le résultat ou la valeur de nos actes.

Une action qui est négative en général peut se révéler nécessaire dans un ensemble donné de circonstances. Si l'on ne peut pas pratiquer au mieux, il faut savoir faire des exceptions. Dans le bouddhisme, il n'y a pas d'absolu.

Par exemple, c'est très mal de tuer. C'est l'une de nos convictions. Nous croyons à cent pour cent en la non-violence. Cela dit, il existe toutes sortes de degrés et de niveaux de violence et de non-violence. Si la motivation n'est pas correcte, faire preuve de bonté n'est pas juste non plus. Si notre but ou notre objectif ultime est de tromper quelqu'un ou d'abuser de lui, le fait de se montrer bienveillant à son égard pour parvenir à nos fins est l'une des pires violences qui soit. D'un autre côté, si vous êtes animé d'une excellente motivation, vous pouvez très bien empêcher quelqu'un de nuire en agissant de façon dure, violente ou brutale. On dirait de la violence, mais, en réalité, c'est permis. Les règles peuvent donc changer en fonction des circonstances. Le seul principe à ne jamais oublier, quelle que soit la situation, c'est qu'il faut aider les autres. Mais *la façon* d'aider les autres peut varier.

On dit en général qu'il faut observer un régime végétarien le jour où l'on applique les préceptes du *Mahâyâna*, qu'il faut s'abstenir de manger des produits d'origine animale.

Pour réaliser la vérité décrite par le Bouddha, est-il nécessaire de s'isoler et d'effectuer de longues retraites, ou peut-on y parvenir en étant actif dans le monde ? Quelle est l'importance relative de ces deux types d'engagement ?

SA SAINTETÉ. – En général, si l'on peut faire *l'une et l'autre*, c'est mieux. C'est surtout la façon de faire qui compte. La majeure partie du temps, nous devons vivre en société du mieux que nous le pouvons. Nous devons vivre correctement en nous efforçant d'être des êtres humains honnêtes et sincères. Mais de temps en temps, participer à une retraite d'au moins deux ou trois semaines, oublier les affaires du monde et se concentrer uniquement sur la pratique me semble la meilleure chose à faire. En revanche, si l'on a une vocation particulière pour la vie d'ermite, si l'on est capable de vivre et de pratiquer dans la solitude et qu'on est prêt à faire un effort spécial pour atteindre un bon résultat, c'est évidemment autre chose. Dans ce cas, l'isolement complet permet au retraitant de consacrer toutes ses énergies à la pratique. Mais c'est plutôt l'exception. Je pense que sur un million de personnes, seulement une ou deux, peut-être, ont ce type de talent ou de vocation.

La conscience fondamentale est-elle permanente et indépendante ? Pouvez-vous nous dire s'il existe quoi que ce soit de permanent et d'indépendant ?

SA SAINTETÉ. – La conscience est éternelle. Sa continuité ne cesse jamais. Mais elle n'est pas permanente. La permanence, c'est ne pas changer d'un instant à l'autre, ce que fait, bien sûr, la conscience. Elle est impermanente dans ce sens, mais néanmoins éternelle. La continuité du moment ne cesse jamais.

Lorsqu'on médite sur la conscience, peut-on pénétrer cette conscience, ou du moins aller plus loin que la simple conscience de cette conscience ?

SA SAINTETÉ. – De manière générale, il faut commencer par comprendre la nature conventionnelle de la conscience. Dès lors qu'on a compris la nature de l'esprit par la concentration, dès lors que cette nature a été vérifiée, que les choses sont claires, on peut se concentrer sur la nature ultime, la réalité ultime de l'esprit.

Le protecteur Dorje Shugden est-il digne de confiance ?

SA SAINTETÉ. – Si Gyaltsen (Dorje Shugden) est digne de confiance ou non, ce n'est pas quelque chose de facile à savoir. Il semblerait en tout cas qu'il ne soit pas adapté comme protecteur. Mieux vaut donc simplement l'oublier.

Vous savez, en tant que bouddhistes, nous n'avons pas besoin d'autres protecteurs que le Bouddha, le Dharma et la Sangha, ce sont eux nos véritables protecteurs. Pour pouvoir traiter avec les protecteurs dits « courroucés », il faut déjà avoir atteint un certain niveau de développement :

il faut d'abord avoir accédé à une certaine stabilité dans sa propre pratique yogique, particulièrement dans le yoga des déités, et avoir établi spécifiquement la fierté de la déité pour pouvoir l'utiliser. C'est la bonne façon de faire. Mais, en définitive, ce débat sur les protecteurs n'apporte pas grand-chose.

Cinquième entretien

Ce dernier entretien débute par une nouvelle question sur la nature et le rôle du gourou. Le Dalaï-Lama rappelle qu'il faut bien réfléchir avant de prendre un instructeur car, une fois ce choix effectué, maître et disciple sont liés par des engagements que le bouddhisme définit comme karmiques.

Le Dalaï-Lama se trouve ensuite amené à définir les trois sortes de souffrance : la souffrance grossière, la souffrance du changement et la souffrance du corps, laquelle se trouve transcendée lors du passage vers le nirvâna. *À ce moment-là, seul le corps subtil demeure, bien qu'il y ait continuité de la conscience. Mais très peu d'éveillés accèdent à ce passage, la très large majorité se trouvant soumise à la réincarnation selon les lois du* samsâra.

Après avoir expliqué la différence entre ordination laïque et ordination monastique, le Dalaï-Lama rappelle que l'essentiel est d'atteindre la bouddhéité – l'éveil complet –, ce qui n'est pas

réservé qu'aux moines. Là encore, il laisse entre-
voir que la vision bouddhiste privilégie les actes
et non le cadre dans lequel ceux-ci s'accomplis-
sent, ce qui ouvre les champs du possible à tout
un chacun.

Une question l'amène à préciser un autre des
concepts clés du bouddhisme, outre celui de
vacuité : celui de « Claire Lumière », une
conscience éveillée, rayonnante et bienfaisante.
Suivent quelques conseils pour compléter la pra-
tique du Vipassanâ *par la méditation sur la*
vacuité et le non-soi, ainsi qu'une analyse de la
nature de l'esprit.

Le Dalaï-Lama répond ensuite à une question
philosophique sur l'initiation du Kâlachakra [1] *et*
les conditions pour y participer. Puis il explique
le système des protecteurs dans le bouddhisme
tibétain, en rappelant qu'il ne faut pas y accor-
der un intérêt démesuré. Les situations malheu-
reuses, notamment la pauvreté ou la répétition
de l'échec, ne sont pas selon le bouddhisme le
fruit du hasard, elles résultent de forces kar-
miques, à la fois internes et externes.

Il est ensuite amené à aborder la grave ques-
tion du Tibet et encourage la visite d'Occiden-
taux dans son pays natal, occupé par la Chine
depuis 1949, pour soutenir les Tibétains mais
aussi pour donner une leçon aux Chinois.

---

1. La Roue du Temps.

Il préconise de continuer à informer et sensibiliser l'opinion publique internationale sur la situation au Tibet. Amené à s'expliquer sur la position et le rôle du Tibet pendant la Deuxième Guerre mondiale, il affirme que son pays a fait preuve d'une neutralité très relative (il était lui-même adolescent à cette époque.

Le Dalaï-Lama explique ensuite le système des chefs de lignées au sein des différentes écoles du bouddhisme tibétain, regrettant les querelles qui ont suivi le décès du Karmapa.

Répondant à une question sur le lien entre les Indiens d'Amérique et les Tibétains, le Dalaï-Lama lance un appel à la réconciliation, rappelant que l'essentiel est de vivre en paix et dans l'amitié les uns avec les autres.

Il conclut ces entretiens en rappelant que le bouddhisme privilégie toujours l'intention et la motivation qui sous-tendent nos actes, et invite à bien méditer sur cette question. Si le bouddhisme ne devait planter que cette graine-là, elle serait déjà prometteuse.

Puis, ayant rendu un dernier hommage au lieu saint qu'est Bodhgaya, le Dalaï-Lama nous quitte avec sa gaieté et son humour coutumiers, qui auront illuminé ces entretiens.

Votre Sainteté, pourriez-vous nous dire en quoi consiste la pratique de la dévotion au gourou et de la purification des actions non-vertueuses commises en rapport avec ce dernier ?

SA SAINTETÉ. – Une pratique très répandue de dévotion au gourou consiste à visualiser son gourou et à réciter soit son « nom-mantra » (*mtshan sngags*), soit le Mantra aux cent syllabes (*yig brgya*). Pour ce qui est de la purification des actions non-vertueuses accumulées par rapport à son gourou, il est conseillé de faire des prosternations tout en récitant le Soutra de la confession aux trente-cinq Bouddhas. C'est un soutra assez court qui a été traduit en anglais. On peut aussi accomplir la pratique et la récitation de Damtshig Dorje. Ce mantra est : *Om ah prajnadhrika ha hum*. Il est bien sûr utile de réciter ces mantras, mais je pense que le plus important est de pratiquer sincèrement les enseignements de base du Dharma. C'est la meilleure méthode pour purifier les non-vertus.

J'ai déjà dit l'an passé qu'il n'est pas nécessaire de considérer un maître comme son gourou simplement parce qu'on l'a entendu exposer les enseignements du Bouddha. Mieux vaut ne pas avoir ce genre d'attitude au début, mais le considérer comme un simple ami spirituel. On commence par suivre des enseignements ; puis, avec le temps, lorsqu'on estime assez bien connaître la personne pour pouvoir la prendre comme gourou sans risque de transgresser les engagements qui découlent d'une telle relation, lorsqu'on a acquis ce genre de confiance, on peut adopter cette personne comme gourou. Le Seigneur Bouddha lui-même a énoncé clairement et de manière détaillée, dans le *Vinaya*, les soutras du *Mahâyâna* et même les tantras, quelles doivent être les qualités d'un maître. C'est pourquoi je critique souvent l'attitude tibétaine, qui est de vénérer ou de respecter d'emblée tout ce que fait le gourou sans passer par une période initiale d'observation. Bien sûr, si le gourou est *vraiment* qualifié, cette attitude est tout à fait utile.

Si l'on analyse la relation de maître à disciple de Naropa et de Marpa, il semblerait que Tilopa ait soumis Naropa aux plus dures épreuves, et que Naropa ait beaucoup exigé de son disciple Marpa. Mais, en profondeur, ces demandes étaient tout à fait sensées. Leur grande foi envers leur gourou a fait agir Naropa et Marpa selon les instructions de leurs maîtres. Les exigences de ces derniers semblaient très grandes, mais, comme ces maîtres étaient qualifiés, cela avait un sens.

117

Dans ce genre de situation, les disciples doivent respecter tous les actes de leur maître. Mais on ne peut comparer Marpa et Naropa avec le cas des gens ordinaires. De manière générale, je pense que le Bouddha nous a donné la liberté totale d'observer en profondeur la personne qui sera notre gourou. C'est très important. Tant qu'on n'est pas sûr de son choix, mieux vaut ne pas choisir de gourou. Cet examen préliminaire est en quelque sorte une mesure préventive.

Pourriez-vous nous parler des trois sortes de souffrance ?

SA SAINTETÉ. – La première sorte de souffrance est comparable à une migraine ou à un rhume : le nez est pris, les yeux coulent, etc. Pour résumer, il s'agit de toutes les formes grossières de douleur, physique ou mentale, auxquelles nous appliquons le terme général de « souffrance ».

La deuxième sorte est ce qu'on appelle la « souffrance du changement ». Quand nous avons faim et que nous commençons à manger, au début nous sommes très heureux. Nous prenons une bouchée, puis deux, puis trois, quatre, cinq !... jusqu'à finalement trouver la nourriture désagréable et la rejeter, bien qu'il s'agisse de la même personne, de la même nourriture et de la même période de temps. Pratiquement tous les bonheurs et tous les plaisirs mondains relèvent de cette deuxième catégorie. Comparées à d'autres, ces formes de souffrance plus subtiles nous paraissent agréables au début, elles semblent nous procurer un certain bonheur, mais ce bonheur n'est ni véritable ni durable car plus nous nous y habituons, plus il devient douloureux.

Quant à la troisième sorte de souffrance, on peut dire, je pense, qu'elle est constituée par notre corps lui-même. Au fond, c'est ce qu'il est : ce corps est le fruit des afflictions, il est créé par les afflictions. De ce fait, il est de même nature que la souffrance. Il sert de base à la souffrance.

Même les animaux ont le désir d'échapper à la première sorte de souffrance. La deuxième sorte de souffrance est quelque chose que les bouddhistes comme les non-bouddhistes cherchent à vaincre. Grâce à la pratique du *samâdhi* [1] et à une forme de *vipashyana* [2], lorsqu'on progresse sur une voie qui unit *shamatha* [3] et *vipashyana*, il est possible d'y arriver. Le *samsâra* est divisé en trois mondes : le monde du désir (*kâmadhâtu*), le monde de la forme (*rûpadhâtu*) et le monde sans forme (*arûpadhâtu*). Le monde le plus bas est celui des désirs, puis vient le monde de la forme et enfin le monde sans forme. Il est donc

---

1. Concentration mentale.
2. Vue pénétrante.
3. Calme mental.

possible, grâce au *shamatha* et à une sorte de *vipashyanâ*, de distinguer ces différents mondes et de voir que les mondes inférieurs font davantage souffrir que les mondes supérieurs, comparativement plus paisibles. En consacrant beaucoup d'efforts à la méditation profonde, on peut également créer les semences karmiques qui nous feront renaître dans un monde supérieur.

Dans ces mondes supérieurs, il n'y a pas de souffrance de la souffrance et, sans entrer dans les détails, disons qu'à partir d'un certain niveau il n'y pas de souffrance du changement non plus. Il n'y a plus que la souffrance fondamentale, la troisième sorte, qui persiste tant qu'on demeure dans le *samsâra*. Ce n'est qu'à partir du moment où l'on s'est libéré du troisième type de souffrance qu'on peut affirmer avoir atteint le *nirvâna*. Différentes opinions coexistent au sein même du bouddhisme à ce sujet. Selon les écoles inférieures, dans la mesure où le corps lui-même est le fondement de la souffrance, celle-ci est présente aussi longtemps que le corps subsiste. D'après ces écoles, le Bouddha, en atteignant l'Éveil à Bodhgaya, a vaincu deux fléaux : celui des armées de démons conduites par Mara et celui des émotions négatives, les *klesha*. Mais il lui restait encore deux autres fléaux à vaincre : celui du corps et celui de la mort. Ceux-ci n'auraient été défaits qu'à Kushinagar, lors de sa mort. Toujours selon ces écoles de pensée, l'école *vaibhâshika*, par exemple, lorsqu'un être comme le Bouddha Shakyamuni atteint le *mahâparinirvâna* et qu'il décède, il cesse d'exister ; il n'y a pas d'autre continuité de la conscience. Par conséquent, selon eux, il n'y a après la mort plus d'existence, plus de conscience. Seul le nom subsiste – ce qui n'empêche pas les tenants de cette école de croire que l'être disparu peut continuer d'influencer ses disciples en raison des vertus qu'il a créées dans le passé.

Cette explication n'a pas été retenue par les écoles supérieures, qui, elles, croient à l'existence de deux familles de corps, les uns purs par nature, les autres impurs. Ces derniers sont plus grossiers, tandis qu'un corps purifié est plus subtil. Quand le Bouddha Shakyâmuni a renoncé à son corps, par exemple, il a conservé son corps subtil. Il y aurait ainsi deux types de corps au niveau de la bouddhéité : l'un mental et l'autre physique. Je ne sais d'ailleurs pas si le terme « corps » est approprié dans ce cas. En sanskrit, les mots pour désigner ces deux corps du Bouddha sont *dharmakâya* et *rûpakâya*, le premier étant de nature spirituelle et le second matériel. Au moment de la mort d'un bouddha, le corps subtil, de nature spirituelle, demeure, et, comme le continuum mental est aussi présent, nous pouvons dire que sa personnalité est toujours là. Le Bouddha est aujourd'hui encore un être vivant. Cela me semble mieux ainsi. Ne croyez-vous pas ? Je ne pense pas qu'il soit très agréable de dire que les êtres sensibles disparaissent complètement à un moment donné.

La troisième sorte de souffrance est donc le corps, qui est à l'origine de toutes les autres souffrances. Et comme nous l'avons vu, cette souffrance est transcendée dans le *nirvâna*. Ce qui ne veut pas dire que les grands êtres cessent d'exister, mais que leur forme physique impure et grossière et leur conscience limitée sont remplacées par les deux types de corps purs d'un être éveillé.

Quel intérêt y a-t-il à être ordonné plutôt que de pratiquer le Dharma en tant que laïc ?

SA SAINTETÉ. – Il est dit dans le *Vinaya* qu'il existe différents niveaux d'ordination. Le simple fait d'accepter les Trois Refuges et de s'engager à respecter les Cinq Vœux (*upâsaka*) est considéré comme une ordination laïque, et il y a bien sûr l'ordination des moines et des nonnes. Même pour quelqu'un qui se serait déjà engagé dans la voie de la vertu avant d'avoir reçu l'ordination, il est clair qu'à partir du moment où il s'engage à respecter les vœux et qu'il les observe, il y a une grande différence du point de vue des bénéfices que cela engendre. Après l'ordination, nous sommes non seulement engagés dans la vertu, mais, du fait même de notre promesse, de notre détermination à aller dans une direction positive, notre engagement se trouve renforcé. Recevoir l'ordination, c'est prononcer des vœux, promettre quelque chose et poser une certaine détermination. Ce qui change forcément les choses.

Autre différence entre l'ordination des laïcs et celle des moines et des nonnes : ces derniers font vœu de célibat, ce qui veut dire qu'ils n'ont pas de famille mais qu'en définitive ils ont plus de liberté. Lorsqu'on est marié, on ne peut pas prendre de décisions importantes sans consulter au préalable son époux ou son épouse. Les moines et les nonnes ont plus d'indépendance, plus de temps à consacrer à la pratique spirituelle. Bien que le désir pour le sexe opposé n'ait peut-être pas complètement disparu, il y a, du fait de l'ordination, une attention ou une pleine conscience qui est très utile. Cela fait une différence. Pour ce qui est des possessions matérielles, un *bhikshu*, c'est-à-dire un moine pleinement ordonné, ne peut posséder en propre que treize sortes d'objets. Au-delà, il devra se dire : « Ceci m'appartient autant qu'à un autre. » Et lorsqu'il utilise dans sa pratique quelque chose qui ne fait pas partie des treize objets autorisés, même s'il s'en sert en tous points comme si cet objet lui appartenait, il ne devra jamais perdre de vue qu'il ne fait que le partager avec d'autres. Les trois robes (que l'on doit toujours avoir avec soi) et les treize objets sont, d'après le *Vinaya*, les seules possessions d'un moine – ce qui est bien entendu très utile pour maîtriser les désirs et réduire l'attachement. C'est l'un des avantages d'être ordonné moine ou nonne. Que ce soit dans le Véhicule des soutras ou dans celui des tantras, le Bouddha lui-même a dit que les bénéfices d'une action vertueuse varient selon leur base, c'est-à-dire selon la personne qui l'accomplit. Ce qui signifie que les vertus augmentent avec le niveau d'ordination : de laïc à novice, de novice à moine ou nonne, jusqu'à moine ou nonne pleinement ordonné. L'efficacité de la bonne action varie en effet, selon la personne qui l'accomplit. C'est pour ces raisons que le Bouddha lui-même, tout fils d'un roi qu'il fût, a sacrifié son royaume pour devenir moine. Il a mené une vie ascétique pendant six ans avant de connaître l'Éveil sous l'arbre de la Bodhi, et tout ce qu'il a fait aura servi à montrer à ses disciples le chemin conduisant à la bouddhéité. Ce qui ne veut pas dire pour autant que, pour atteindre l'état de Bouddha, il faille devenir moine ou nonne. Ce n'est pas vrai. Il est possible d'atteindre l'Éveil complet sans pour autant devenir moine ou nonne.

Comment les différentes écoles du bouddhisme tibétain voient-elles la vacuité ?

SA SAINTETÉ. – Comme vous le savez, le bouddhisme tibétain englobe les enseignements du

Hînayâna, du *Mahâyâna* ordinaire ou Véhicule des soutras, et du *Mahâyâna* spécial, les enseignements secrets des tantras. Le bouddhisme tibétain est donc une forme complète du bouddhisme. Quant à la tradition tibétaine, elle est divisée d'un point de vue historique entre Ancienne École (*rNying ma*) et Nouvelle École (*gSar ma*). On dit généralement que cette dernière comprend les traditions *Kagyupa*, *Sakyapa* et *Kadam*, laquelle est devenue la tradition *Guélougpa*. Il y a donc en gros quatre écoles, une ancienne et trois nouvelles, avec au sein de chacune de nombreuses branches.

Ces quatre sectes enseignent une combinaison des doctrines du *Soutrayâna* et du *Mantrayâna*. Dans le *Mantrayâna*, elles enseignent notamment les tantras de l'*Anuttarayoga*, en y associant les doctrines mahâyânistes ordinaires du *Soutrayâna*. Il existe en tibétain de nombreux termes pour désigner la vacuité (*stong pa nyid*), par exemple les mots « *nay lug* » (*gnas lug*) qui signifient littéralement « mode d'être des choses », ou « *day ko na nyi* » (*de kho na nyid*), qui signifient littéralement « ainsité » ou « réalité ». Selon le Véhicule des soutras, il s'agit alors essentiellement de la vacuité en tant qu'objet. Dans les tantras de l'*Anuttarayoga*, les mots « *nay lug* » désignent en premier lieu le point de vue du sujet : l'expérience de la vacuité, le type particulier de conscience qui comprend la réalité dans le système tantrique, à savoir la Claire Lumière. La Claire Lumière peut ainsi avoir deux référents, objet ou sujet. La première sorte de Claire Lumière est la vacuité de l'objet, la deuxième étant la conscience qui possède cette vacuité en tant qu'objet – la véritable Claire Lumière. Puisque l'expression « Claire Lumière » est utilisée pour désigner ces deux aspects, elle correspond donc aux termes « vacuité » et « mode d'être des choses » dans le *Soutrayâna*.

Maintenant, en termes de pratique, comme toutes les apparences dualistes disparaissent lors de la contemplation de la Claire Lumière, il devient impossible de faire la différence entre l'objet et la conscience qui le perçoit. Sujet et objet semblent ne plus faire qu'un, tout comme l'eau se mélange à l'eau. Bien sûr, il y a strictement parlant deux entités, le sujet et l'objet, mais dans l'expérience de la Claire Lumière cette dualité a disparu.

Dans la pratique *Nyingmapa Dzogchen*[1], il y a deux entités appelées « *tegchö* » et « *tögel* ». « *Tegchö* » désigne la pratique et la contemplation de la réalité ultime, c'est la méthode pour atteindre le *dharmakâya*, tandis que « *tögel* » est la méthode pour atteindre le *rûpakâya*. Nous voyons donc que la pratique de la Claire

---

1. La Grande Perfection.

Lumière dont nous venons de parler est liée aux pratiques de « *tegchö* » dans la tradition *Nyingmapa Dzogchen*. Deux autres concepts apparaissent également dans le *Dzogchen* : la nature (*ngo bo*), ou *kagad* (pureté suprême) et l'essence (*rang bzhin*), ou *lhundub* (spontanéité). « *Kadag* » désigne la vacuité tandis que « *lhundub* » désigne le côté subjectif de la Claire Lumière. C'est à la fois la base du *samsâra* et celle de la bouddhéité.

Dans la tradition *Kagyupa*, nous avons à ce sujet le « *Chagya Chenpo* » (le Grand Sceau). Et, dans l'école *Sakyapa*, nous avons des concepts comme « *Khorde Yermey* » (l'indivisibilité du *samsâra* et du *nirvâna*) et « *Seltong Zungjug* » (l'union de la clarté et de la vacuité). Dans la tradition *Guélougpa*, il y a « *Deytong Yermey* » (l'indivisibilité de la félicité et de la vacuité) et tout particulièrement le type de *Deytong Yermey* appelé « *Lhenkvey Kyi Detong Yermey* » (l'indivisibilité de la félicité spontanée et de la vacuité), qui est analogue à celle mentionnée plus haut. Les quatre sectes tibétaines ont ainsi des vues convergentes sur ce point.

Il existe cependant une autre école de pensée, appelée *Zhentong* (la vacuité de toutes les autres), dont les vues sur la vacuité diffèrent de ces interprétations. Selon Khyentse Rinpoché, il y a deux sortes de *Zhentong*, l'une acceptable et l'autre non – les érudits bouddhistes tibétains

ont été nombreux à réfuter sérieusement cette
dernière forme de *Zhentong*. Selon cette interprétation de la vacuité, l'absolu est considéré
comme vide de tous les phénomènes conventionnels et la vérité absolue elle-même devient
l'absolu, cessant ainsi d'être une simple entité
existant de manière conventionnelle. Ce point
de vue n'est pas correct. Il contredit les enseignements de *Nâgârjuna* ainsi que ceux des soutras de la *Prajñâpâramitâ*, lorsque le Bouddha
tourna pour la deuxième fois la roue du Dharma.
Nâgârjuna a dit lui-même qu'aucun phénomène
n'existe de manière absolue, ce qui vaut également pour la vacuité. Même la vérité absolue
n'existe pas de manière absolue. Selon lui tous
les phénomènes dépendent d'autres facteurs, ils
apparaissent de manière interdépendante. C'est
pourquoi chaque phénomène participe du vide,
et l'absolu, la vacuité elle-même, ne fait pas
exception. Le Bouddha l'a expliqué très clairement au moyen de ses enseignements sur les
seize, dix-huit ou vingt sortes de vacuité, parmi
lesquelles la « vacuité de la vacuité » (*stong pa
nyid stong pa nyid*) et la « vacuité de l'absolu »
(*don dam pa stong pa nyid*).

Pour un pratiquant de la méditation Vipassanâ,
*quelle pratique du bouddhisme tibétain vous
semble complémentaire ?*

SA SAINTETÉ. – Qu'entendez-vous par le terme *Vipassanâ* ?

(Même interlocuteur). *Je pense à la méditation* Vipassanâ *telle qu'elle est pratiquée dans la tradition du* Theravâda.

SA SAINTETÉ. – D'accord, mais à quelle sorte de *Vipassanâ* du *Theravâda* faites-vous référence ?

(Même interlocuteur) *À la pratique de l'observation du souffle, du corps, des sensations, etc.*

SA SAINTETÉ. – Y associez-vous la pratique de l'absence de soi ou *anâtman* ?

(Même interlocuteur) *Ce n'est peut-être pas spécifiquement inclus, mais cela vient comme résultat.*

SA SAINTETÉ. – Lorsque vous vous concentrez sur la respiration, essayez, en plus de cet exercice, de fixer votre attention sur la pensée qui se concentre sur la respiration. Essayez d'analyser la nature de la pensée ou de l'esprit qui est conscient de la respiration, et notez les pensées qui surgissent, cela vous permettra de vous habituer à la nature de la pensée. Puis essayez de ne plus penser au passé ni à l'avenir. Sans pensées sur le passé ni sur l'avenir, maintenez-vous simplement dans le présent en essayant d'éviter toute pensée *particulière*.

Observez ce qui se passe, ce que vous ressentez. On parle alors d'absence de pensées. C'est arriver à une compréhension de la pensée et se détendre de façon à réduire l'activité mentale. Cela pourrait être un complément à votre pratique quotidienne. Pratiquez-vous quelque chose de semblable ?

(Même interlocuteur) *Le* Vipassanâ *stipule qu'il faut aussi être conscient de ses pensées. Mais je me demandais si, d'une façon ou d'une autre, la répétition de mantras pouvait favoriser la pratique du* Vipassanâ ?

SA SAINTETÉ. – Je pense que le mantra de Mañjushrî, *Om Arapacana Dhih*, ou simplement *Dhih*, peut être utile. Le simple fait de réciter *Dhih* sans relâche, une seule syllabe, peut suffire. Essayez ensuite de vous demander : « À qui cette pensée appartient-elle ? » « Qui suis-je ? » Si vous pratiquez bien, vous verrez qu'il n'y pas de « moi » indépendant, vous trouverez une absence, ou vacuité, de ce « moi ». Il existe toutefois une sorte de soi, il y a un « moi », il y a un Américain. Êtes-vous américain ?

(Même interlocuteur) *Oui.*

SA SAINTETÉ. – Il y a donc un Américain, mais on ne peut le trouver. Ce genre d'investigation est très utile.

Votre Sainteté nous a conseillé de méditer sur la nature de l'esprit. Comment faut-il s'y prendre ?

SA SAINTETÉ. – J'ai répondu en partie à cette question. Il faut analyser l'esprit ou procéder à une investigation des pensées. Particulièrement quand vous êtes en colère ou que de puissants désirs se manifestent, oubliez l'objet pour lequel vous éprouvez de la colère ou du désir et examinez la nature de la colère ou du désir. En cas d'extrême fatigue, d'épuisement total qui ne laisse quasiment plus la force de bouger, certains expérimentent parfois un niveau de conscience plus profond qu'à l'ordinaire. De même lors d'une grave maladie, quand le corps, la partie physique devient très faible et qu'elle est sur le point de mourir, les niveaux de conscience plus profonds et plus subtils deviennent plus actifs. Certaines personnes vivent alors des expériences extraordinaires. Ce sont d'excellentes occasions pour analyser la nature de la conscience, ou plutôt celles des niveaux de conscience plus profonds. Certaines personnes au seuil de la mort font l'expérience de visions intérieures blanchâtres, rougeâtres ou d'une sensation d'obscurité, etc. Cela semble se produire. C'est donc un très bon moment de procéder à une investigation.

J'ai appris que Votre Sainteté allait donner l'année prochaine à Bodhgaya une initiation au mandala du Kâlachakra. *En quoi cette initiation consiste-t-elle et quelles sont les conditions pour y participer ?*

SA SAINTETÉ. – Normalement, pour pouvoir recevoir l'initiation du *Kâlachakra*, il est nécessaire d'avoir déjà une certaine expérience de la *bodhicitta*, ou altruisme, et une certaine compréhension de la vacuité, ou Claire Lumière. Mais il est vrai que, sur ce point, je me contredis parfois. L'autre jour, un de mes amis m'a posé la même question. Il estimait que, dans la mesure où le *Kâlachakra* est l'un des enseignements les plus élevés du *Tantrayâna*, il n'était peut-être pas utile de le recevoir sans y avoir été suffisamment préparé. Lorsqu'il m'a demandé dans un premier temps s'il y avait des conditions préalables à remplir pour accomplir ces pratiques tantriques supérieures, je lui ai répondu par l'affirmative. Sa question suivante portait sur le *Kâlachakra* et c'est là que je me suis contredit. En fait, avec le *Kâlachakra*, il n'y a pas vraiment de restrictions. Je n'en connais pas la raison moi-même. Si l'on veut pénétrer d'autres mandalas, comme ceux de *Guhyasamaja*, de *Heruka* ou de *Hevajra*, il y a de nombreuses restrictions et très peu de pratiquants y ont accès. Particulièrement dans la tradition *Sakyapa*, cette dernière initiation ne peut être donnée qu'à vingt-cinq disciples à la fois. Même si un nombre beaucoup plus important de disciples est réuni, l'initiation ne peut être donnée qu'à vingt-cinq d'entre eux. S'il y a par exemple cent personnes, l'initiation devra être renouvelée quatre fois de suite. Je pense que c'est une très bonne tradition. Mais avec le *Kâlachakra*, il n'y a aucune restriction. Comme je l'ai expliqué précédemment, je pense que le mandala du *Kâlachakra* est d'une certaine façon associé au royaume, à la communauté, à la société. De même, bien qu'on ignore où se trouve Shambhala, ce lieu semble néanmoins exister. Même si, actuellement, les gens ne peuvent le voir ou communiquer avec lui par des moyens ordinaires, il devient clair au bout d'un moment que cela est possible. Selon les Écritures, Shambhala va un jour entrer en contact avec notre monde. En bref, le mandala du *Kâlachakra* n'est pas un mandala comme les autres. D'autres pratiques tantriques sont en rapport avec la personne, mais le *Kâlachakra* semble lié à la communauté, à la société dans son ensemble. C'est peut-être pour cela qu'il y a moins de restrictions lorsqu'un lama donne l'initiation du *Kâlachakra*. Car, même si le disciple n'y est pas pleinement préparé, un lien aura été créé par cette initiation, de sorte que, plus tard, lorsque Shambhala entrera en interaction avec la communauté mondiale, il y aura peut-être un effet positif. Mais je ne suis moi-même pas très fixé sur ce point et ces propos n'engagent que moi.

Votre Sainteté, pourriez-vous nous parler des protecteurs dans le bouddhisme tibétain ? Faut-il les considérer comme des êtres sensibles, comme des symboles, ou comme une partie de notre propre conscience et de celle des autres ? S'ils ne sont que des dieux locaux et des déités du Tibet qui auraient été soumis, comme je l'ai entendu dire, comment peuvent-ils avoir un effet bénéfique universel ?

SA SAINTETÉ. – Je suis d'accord, c'est une source de confusion. Les Tibétains accordent trop d'intérêt aux protecteurs. Le vrai protecteur d'un bouddhiste, c'est lui-même. Comme nous croyons au karma, au fait que nous récoltons le fruit de nos actes, notre vraie protection, ce sont nos bonnes actions, un esprit juste et une motivation correcte.

Le système des protecteurs vient en fait du *Tantrayâna*. Et comme les protecteurs sont liés aux tantras, il est nécessaire, pour s'engager dans ces pratiques, d'avoir une certaine expérience de la visualisation mentale. Dès lors qu'on a une certaine expérience du yoga des déités, on peut imaginer des protecteurs et leur donner des choses à faire, que ce soit pacifier, prolonger la durée de vie ou améliorer la santé, donner de la force ou se mettre très en colère. Les instructions aux déités seront données en fonction de la pratique de chacun.

Il y a cependant toutes sortes de protecteurs. Prenez par exemple les Dix Rois courroucés (*Mahâkrodharaja*). Ce sont des protecteurs, les manifestations des dix membres du Bouddha. Il est dit aussi dans l'*Abhidharmakosha* qu'il existe dix sortes d'esprit, de sorte que ces dix protecteurs peuvent être considérés comme des manifestations des dix sortes d'esprit du Bouddha. Et comme ils sont les manifestations d'un être éveillé, ils doivent être considérés comme « supramondains », c'est-à-dire situés au-delà du *samsâra*.

Il existe une autre catégorie de protecteurs, tel Vaisravana (*rNam thos sras*), qui ne sont pas la manifestation d'un bouddha mais d'un bodhisattva. Il s'agit d'une catégorie de protecteurs qui sont « mondains » – encore prisonniers du *samsâra*. Mais dans cette dernière catégorie il y a aussi des protecteurs comme le Roi aux cinq corps (*rGyal po sku lnga*), qui, bien qu'étant dans le *samsâra*, ne sont pas exclusivement des protecteurs tibétains du fait qu'ils interviennent dans un contexte beaucoup plus vaste. Il existe aussi un autre type de protecteurs « mondains » qui sont associés à un lieu donné. Je viens par exemple d'une région du Tibet qui s'appelle l'Amdo. Notre protecteur local est Machen Bomra, une déité dont le champ d'activités se limite à l'Amdo.

Ces déités peuvent parfois influer sur des événements dans ce monde. On rapporte même qu'elles seraient apparues dans les prisons chinoises après l'occupation. Tout cela est assez mystérieux. Je vais vous raconter une histoire étrange. Récemment, une Tibétaine originaire de l'Amdo est retournée sur son lieu de naissance. Elle y a eu alors une vision de la déité locale et elles ont parlé ensemble. Au cours de cette conversation, la déité lui a dit qu'elle était allée en prison en Chine et qu'ensuite, elle avait passé onze ans en Inde avec moi. À l'époque, personne n'a accordé beaucoup de crédit aux dires de cette femme.

Mais l'histoire ne se termine pas là. Dans cette région, la coutume veut que les gens offrent à la déité de la *tsampa* [1], du lait, et aussi de la viande grillée. C'est la tradition. Or, cette déité aurait dit que depuis qu'elle fréquentait le Dalaï-Lama et qu'elle avait reçu des enseignements, elle préférait s'abstenir de manger de la viande. Elle a déclaré aux gens qui lui faisaient des offrandes propitiatoires que, pour cette fois, comme ils s'étaient donné la peine de lui préparer de la viande, elle allait l'accepter. Mais elle leur a bien fait comprendre qu'elle ne voulait plus que cela se reproduise à l'avenir.

Lors des initiations au *Kâlachakra* que je donne à Bodhgaya, au Ladakh, à Lahoul-Spiti, dans l'Arunachal Pradesh, etc. je visualise les

---

1. Farine d'orge grillée.

différents protecteurs du peuple tibétain, du Tibet en tant que communauté. Je les visualise et ils sont présents. Je dis aussi à ceux qui viennent de régions comme le Ladakh et l'Arunachal Pradesh d'arrêter de sacrifier des animaux pour se concilier les déités locales. Je leur explique que ce n'est pas bien, que de telles offrandes ne sont pas conformes à la voie du Bouddha. Je pense que ce genre de conseil peut avoir un effet sur les protecteurs qui sont présents. De toute façon, il doit y avoir un rapport avec l'histoire qu'on m'a rapportée au sujet de cette déité de l'Amdo qui a refusé de manger de la viande.

Ces protecteurs ou déités font partie du monde, du *samsâra*, et sont souvent associés à un lieu précis. Ils n'ont pas de lien particulier avec l'Occident, bien que Trungpa Rinpoché m'ait dit un jour que, là où il vit, il y a des protecteurs américains, des déités américaines. En tant que bouddhiste, je tiens toutefois à rappeler qu'il ne faut pas accorder un intérêt démesuré à ces protecteurs, ce ne doit pas être une priorité. Ce qui doit compter dans notre vie, ce sont les Trois Joyaux, le Bouddha, le Dharma et la Sangha. Ce sont eux nos ultimes protecteurs, notre but ultime et nos amis ultimes. Nous n'avons nul besoin d'autres protecteurs. Alors pourquoi se compliquer les choses ?

Il semblerait que l'accès du Tibet aux étrangers soit devenu plus facile ces derniers temps. D'après vous, est-ce une bonne chose que des pratiquants occidentaux du Dharma se rendent au Tibet aujourd'hui ?

SA SAINTETÉ. – Je pense que c'est très utile. Ne serait-ce que parce que cela vous donnera l'occasion de voir vous-mêmes à quoi ressemble le Tibet et de vous forger votre propre opinion. Et comme vous avez quelques notions sur ce qui se passe au Tibet et sur nos traditions, un tel voyage vaudra vraiment la peine, ce sera une expérience très fructueuse.

Ensuite, du point de vue des Tibétains, quelqu'un qui pratique le bouddhisme tibétain est considéré comme un ami. Alors, les visiteurs amis de ce lieu affligé, en communicant un sentiment de chaleur et de solidarité à son malheureux peuple, lui donneront inspiration et courage.

Pendant longtemps, les Chinois ont trouvé le Tibet *trop* cruel, *trop* arriéré, *trop* plongé dans les ténèbres et *trop* barbare. Et puis, tout récemment, ils ont trouvé le mot « trop » un peu exagéré et sont revenus sur leur position. Maintenant, ils déclarent le Tibet « cruel » et non « trop cruel », « sombre » et non « trop sombre », etc.

Le fait que des bouddhistes occidentaux se rendent au Tibet aujourd'hui est une bonne chose, car cela montre que la culture tibétaine a effectivement quelque chose à offrir au monde, que le bouddhisme tibétain, tout spécialement, peut être une source de bienfaits pour la communauté mondiale. Et je considère cela comme utile non seulement à propos des Tibétains, que les Chinois trouvent « cruels », « arriérés » et « plongés dans les ténèbres », mais aussi à propos des Occidentaux civilisés, qu'ils considéraient autrefois comme des capitalistes réactionnaires et regardent maintenant comme des amis.

Car les Chinois désapprouvent votre idéologie, votre système économique et votre politique. Mais, en raison du progrès technologique, ils ont tendance à faire de la société occidentale un modèle. Ce sera donc une bonne leçon pour eux que de voir une personne issue d'une telle société trouver quelque chose d'utile dans la culture tibétaine, par exemple dans la pratique du bouddhisme tibétain.

Quelles circonstances karmiques faut-il comprendre et purifier si l'on veut réduire la pauvreté, particulièrement dans les sociétés non industrialisées ?

SA SAINTETÉ. – Bien sûr, en tant que bouddhistes, nous pensons que toute situation est due à une force extérieure et à une force intérieure. Prenez par exemple la question de la réussite économique. Les Tibétains sont des réfugiés en Inde et dans d'autres pays du monde. Ce qui ne veut pas dire que plusieurs milliers de Tibétains vivent dans des conditions très pauvres – ils connaissent en effet de grandes difficultés et nous devons les aider, mais, en général, les Tibétains ont plutôt réussi. Ils se sont bien débrouillés dans la sphère économique.

Au Tibet, de nombreuses familles ont été persécutées parce qu'elles appartenaient prétendument à la « classe supérieure ». Elles ont été brutalisées et leurs biens ont été saisis, mais, malgré ces persécutions, elles ont réussi à s'en sortir. Alors qu'elles n'avaient plus que quelques vaches, ces dernières leur procuraient un peu plus de lait que les autres. Par ailleurs, des familles pauvres sont restées pauvres en dépit d'aides importantes allouées par les Chinois. Ce qui veut dire que d'autres facteurs interviennent, des facteurs internes.

On dit habituellement que les gens ont « de la chance » ou « pas de chance » selon les circonstances heureuses ou malheureuses qu'ils rencontrent. Mais il serait simpliste de croire que la chance est le seul fruit du hasard. Même d'un point de vue scientifique, ce n'est pas une explication suffisante. Si un événement malheureux se produit, on pense tout de suite : « Oh, quelle malchance ! » Mais cela ne suffit pas à expliquer ce qui s'est passé ; il doit y avoir une cause. De même, croire que les gens qui ont réussi ont beaucoup de chance, c'est oublier de voir qu'il y a aussi une cause à leur réussite. Il semblerait alors qu'on appelle « chance » le facteur extérieur qui l'emporte pour rendre la situation positive. Mais cette situation est aussi due à une cause – une cause interne – et nous l'appelons « mérite ».

Les intempéries et les catastrophes naturelles sont, par exemple, totalement liées à la force karmique des populations locales concernées. Il existe quatre éléments externes : la terre, le feu, l'eau ou le liquide, l'air ou l'énergie, de même qu'il y a trois éléments internes liés à la colère, au désir et à l'ignorance. Bien qu'il n'y ait pas de lien *direct* entre éléments externes et internes, le comportement d'un individu reste indirectement lié aux variations de son environnement ou des conditions extérieures. Pour résumer, disons que chaque concours de circonstances est caractérisé par deux ensembles de facteurs, externes et internes. Autrement dit, pour changer une situation donnée, des changements externes *et* internes doivent avoir lieu.

Pourquoi parle-t-on encore si peu du Tibet, de l'occupation chinoise et des atrocités commises chaque jour ? Quel a été le rôle du Tibet pendant la Deuxième Guerre mondiale ?

SA SAINTETÉ. – Pour répondre à la première question, malgré nos efforts relatifs, la sensibilisation de l'opinion publique sur la situation du

Tibet n'a jamais atteint une très vaste audience. Heureusement, les Chinois ont ouvert notre pays aux journalistes et aux touristes étrangers. Bien que la durée de leur séjour soit limitée, que leur itinéraire soit fixé au préalable et qu'ils soient accompagnés de guides chinois, ils peuvent en général se faire une opinion sur la situation réelle du pays. Il y a donc plus d'informations qui circulent sur le Tibet aujourd'hui, même si c'est toujours *le statu quo*.

À deux reprises, en 1959 et 1960, nous avons lancé un appel aux Nations unies, à la suite de quoi trois résolutions ont été votées sur la question tibétaine. Mais à l'échelle mondiale, à un niveau populaire, très peu de gens sont au courant de la tragédie tibétaine et très peu se sentent concernés. Et si certains gouvernements occidentaux s'intéressent aujourd'hui au Tibet, cela tient bien souvent davantage à leur position anticommuniste ou antichinoise qu'à un désir sincère d'aider les Tibétains. Au début, les États-Unis et les pays d'Europe occidentale étaient protibétains tandis que l'Union soviétique et les pays du bloc de l'Est étaient contre, persuadés que la question de l'indépendance tibétaine avait été forgée de toutes pièces par une poignée de réactionnaires.

C'est dans les années soixante-dix que les choses ont commencé à changer. Les Américains, jusqu'alors ennemis numéro un des Chinois, sont devenus leurs amis, tandis que les Soviétiques, autrefois leurs amis numéro un, sont devenus leurs ennemis. Ce renversement total des alliances a amené certains pays à modifier leur position sur la question tibétaine. Le temps a passé et l'attitude des Soviétiques face au problème tibétain a évolué. Par exemple, dans les documents officiels actuels, le soulèvement de 1959 contre les Chinois au Tibet est qualifié de « mouvement populaire pour la liberté ».

Avec le temps s'est aussi manifesté un intérêt croissant pour le bouddhisme tibétain, les sciences médicales et la culture du peuple tibétain. Et comme les revendications du peuple tibétain ne font qu'un avec sa culture, les gens sont aujourd'hui plus informés sur le Tibet et sur le sort de son peuple. Mais il faut continuer à faire connaître la vérité sur notre situation. Si les Chinois ont fait quelque chose pour aider le peuple tibétain, nous aimerions vraiment le savoir. Et s'ils ont fait quelque chose de négatif, de destructeur, c'est *aussi* quelque chose que le plus de gens possible devraient savoir.

Il est dans la nature de la condition humaine que les plus faibles souffrent toujours entre les mains des plus puissants, que les grands pays profitent des plus petits. Il en aura été ainsi au Tibet. D'un point de vue moral, ce sont là des questions qui ne doivent pas nous laisser indifférents.

Quant au rôle du Tibet pendant la Seconde Guerre mondiale, vous savez, je n'étais alors qu'un enfant et je consacrais l'essentiel de mon temps à mes études, qui consistaient à apprendre par cœur des textes difficiles. Ceux qui étaient alors à la tête du gouvernement tibétain ne s'occupaient que de leurs petites affaires, aussi savaient-ils très peu de choses sur ce qui se passait vraiment dans le monde. Cela dit, le gouvernement tibétain a exprimé à l'époque une position de neutralité très stricte. Je vais vous en donner un exemple. À un moment donné de la guerre, après l'occupation de la Birmanie, les Japonais ont commencé à se rapprocher de l'Inde, notamment à la frontière avec l'Assam. En même temps, ils menaçaient les Chinois en Mandchourie continentale. Les Alliés avaient l'intention de construire une route pour relier l'Assam à la province chinoise du Yunnan. Comme cette route aurait évidemment dû passer par le Tibet, ils ont contacté le gouvernement tibétain pour lui demander l'autorisation de le faire. Le gouvernement tibétain a refusé, invoquant comme raison la neutralité du Tibet. Mais, après la guerre, les Tibétains ont envoyé une délégation pour féliciter les Alliés. Comme quoi notre neutralité n'a pas toujours été très stricte dans les faits. Mais c'est déjà de l'histoire ancienne.

Un livre très bien documenté devrait sortir cette année sur le statut juridique du Tibet. Je pense que ce livre sera très utile à tous ceux qui s'inté-ressent à ces questions, qu'il devrait contribuer à mieux faire connaître le Tibet et son histoire, et donner plus de poids à nos revendications.

Au cours des trois dernières années, depuis le décès du Karmapa Gyalwa, il y a eu des dissensions au sein des membres de la lignée Kagyupa pour savoir qui détenait l'autorité et, même en Orient, en Inde, il règne un certain malaise. Traditionnellement, il semblerait qu'il n'y ait pas un chef unique à la lignée Kagyupa, chaque branche ayant son propre représentant. Votre Sainteté pourrait-elle nous dire ce qu'il en est et comment mettre un terme à ces querelles ?

SA SAINTETÉ. — Il est vrai qu'au Tibet il n'y pas qu'un seul et unique chef à la tête de la lignée *Kagyupa*, qui comporte de nombreuses ramifications. Il se trouve qu'à l'heure actuelle, certaines sont devenues dominantes en termes de nombre de disciples. Des ordres comme *Shangpa Kagyu, Drukpa Kagyu, Drikung Kagyu, Kamzang Kagyu* et *Tagru Kagyu* comptent encore beaucoup de disciples, contrairement à d'autres qui en ont très peu. En général, au Tibet, chaque monastère possédait son propre directeur spirituel. Un lama pouvait être accepté de façon plus large comme « chef spirituel d'une école », mais cela ne tenait pas tant à son statut qu'à son savoir et à sa

pratique. Le supérieur d'une toute petite insti-
tution pouvait ainsi se retrouver à la tête de son
école. Prenez par exemple Dudjom Rinpoché. Il
dirigeait un petit monastère et il était, par son
statut, un petit lama. Mais en raison de sa pratique et de son savoir, de sa dévotion au Dharma,
il est devenu le chef de l'école *Nyingmapa* en
Inde. Pourtant, statutairement parlant, Mingling
Trichen Rinpoché était le lama le plus élevé
dans la tradition *Nyingmapa*. Il y avait en outre
de nombreux grands lamas *Nyingmapa* dans la
région du Kham au Tibet, mais c'est un petit
lama qui est devenu le chef de cette école en raison de son savoir et de ses réalisations per-
sonnelles.

À notre arrivée en Inde comme réfugiés, nous
avons désigné des lamas à la tête de chaque
école pour faciliter l'interaction entre les différents monastères et les différentes lignées. Chez
les *Guélougpa*, la tradition veut que le Ganden
Tri Rinpoché soit le détenteur de l'autorité spirituelle. Tous les membres de cette école ont
retenu cette tradition à l'unanimité. De même,
dans la tradition *Sakyapa*, Sakya Trinzin Rinpoché a été accepté comme chef sans problème.
L'autorité est répartie entre deux familles, ou
ladrang, qui se succèdent au trône d'une généra-
tion à l'autre. Il se peut qu'il y ait parfois des
problèmes mais ce n'est actuellement pas le cas.
Aujourd'hui, la situation est très stable. Sakya

Trinzin est quelqu'un de très gentil et de très ouvert, c'est un très grand lama. Il est de plus en très bons termes avec la famille de Phuntsok Potrang Thugsey, qui vit en Amérique. Tous deux se respectent mutuellement, si bien qu'il n'y a pas de problème. Quant à la tradition *Nyingmapa*, j'ai déjà dit que Dudjom Rinpoché avait été universellement accepté comme chef. Là non plus, pas de problème. À l'époque, parmi les *Kagyu*, Drukchen Rinpoché n'était pas encore né ; il était encore dans le ventre de sa mère. Quant à Drikung Rinpoché, qui était resté à Lhassa après l'invasion chinoise, il avait été condamné aux travaux forcés (il en est resté très robuste aujourd'hui). Donc ces deux-là manquaient. Le chef de la lignée *Taglung Kagyu* était dans une prison chinoise dans la région de Lhassa. Alors, comme le Karmapa Rinpoché était présent, qu'il avait l'âge requis et qu'il était populaire, il a été désigné comme chef de l'école des *Kagyupa*.

Chaque ordre était donc assez bien établi. Mais après la mort du Karmapa Rinpoché, il y a eu des commérages et des disputes fondées sur une compréhension erronée de la situation. Les gens étaient mal informés et, peut-être aussi en raison des préjugés et de la faiblesse humaine, des rumeurs se sont répandues, ce qui n'a fait qu'ajouter à la confusion. C'est vraiment regrettable. Mais je pense qu'avec le temps, les choses devraient s'arranger, du moins parmi les Tibétains. La question étant très délicate, nous avons demandé à plusieurs dignitaires de la tradition *Kagyu* de se réunir pour en débattre et faire une proposition. Voilà où nous en sommes pour le moment. Entre-temps, c'est très malheureux d'entendre toutes ces critiques de part et d'autre.

Lors de votre dernier séjour aux États-Unis, vous avez eu des contacts avec les Indiens d'Amérique et j'ai entendu dire que vous aviez participé à une cérémonie du feu. Pensez-vous qu'il y ait un lien karmique entre le sort des Indiens et celui des Tibétains ?

SA SAINTETÉ. – Je n'ai jamais participé à une cérémonie du feu, mais il est vrai que j'ai des amis amérindiens. C'est une question intéressante. Si l'on compare les Indiens d'Amérique et les Tibétains, je pense qu'il y a effectivement des similitudes, mais aussi beaucoup de différences. De même qu'il y a des différences entre les envahisseurs blancs auxquels les Indiens ont été confrontés et les envahisseurs chinois auxquels nous avons à faire. Mais je ne suis peut-être pas la personne la mieux placée pour en parler. Cela dit, je pense que le mieux à faire pour les Indiens – et ils sont déjà nombreux à le faire –, c'est de vivre en paix et dans l'amitié avec les Américains blancs, car la nation américaine moderne est multiraciale, multiculturelle et multireligieuse. Quand les Chinois et les Russes critiquent le système américain, ils n'ont pas tort sur certains points, mais il n'en reste pas moins vrai que les Américains jouissent d'une liberté totale. Les Américains sont dans l'ensemble de braves gens. Comme dans chaque communauté humaine il y a des méchants, mais en général ils sont plutôt bons. C'est pourquoi je dirais que la meilleure politique pour les Indiens, c'est de se réconcilier et d'apprendre à vivre avec eux.

Pour ce qui est du Tibet, j'ai parlé récemment, lors d'un enseignement public, d'un pilier construit par un roi tibétain il y a environ mille ans. Il y est inscrit que les Chinois sont beaucoup plus heureux en Chine et les Tibétains au Tibet. Les Chinois adorent le riz et les fruits de mer, que l'on ne trouve pas au Tibet. Alors autant qu'ils restent en Chine. Nous autres Tibétains préférons la *tsampa* qui n'existe pas en Chine. Alors évidemment, nous nous sentons mieux chez nous au Tibet.

Quels conseils Votre Sainteté pourrait-elle nous donner quant au projet d'établir à Bodhgaya un centre du Dharma destiné aux Indiens et aux Occidentaux ?

SA SAINTETÉ. – Cette idée me semble très bonne, mais je n'ai pas de conseils particuliers à vous donner sur la manière de la réaliser. Bien sûr, comme pour toute noble tâche, votre motivation doit être claire et sincère. C'est très important, car, dans ce cas, une détermination solide et stable vous permettra de surmonter les difficultés.

Pour le monde bouddhiste, Bodhgaya est sans doute le lieu le plus sacré de tous. Mais si je puis me permettre, c'est aussi l'un des sites les plus sales, ce qui ne facilite pas les visites. C'est vraiment dommage. Ce lieu est cependant si important que j'ai décidé de m'y rendre chaque année, même si c'est au préjudice de mon nez ! Chaque fois que je viens à Bodhgaya, je peux être quasiment certain que j'en repartirai enrhumé. Cela tendrait toutefois à prouver que Bodhgaya est un lieu très actif et, en cela, très important !

Glossaire

ABHIDHARMAKOSHA (*Trésor de la discipline approfondie*). – Principal traité de la doctrine bouddhique, composé au Ve siècle après J.-C. par Vasubandhu.

ÂCHÂRYA. – Maître du Dharma, guide spirituel.

ANUTARAYOGA-TANTRA. – Texte de pratique et de méthode portant sur le yoga du corps.

AHRAT. – Disciple du « Petit Véhicule » (*Hînayâna*), qui s'est libéré des émotions négatives et du *samsâra* mais n'a pas atteint l'état de Bouddha.

ÂLAYA VIJÑÂNA. – « Conscience du tréfonds » ou conscience héréditaire qui contient tous les germes, toutes les potentialités.

ARÛPADHÂTU. – Monde sans formes.

ASANGA. – Maître *prâsanguika* du IVe siècle, à l'origine des traités fondamentaux du *chittamatra*, fondateur de l'école du *yogâchâra*.

BHÂVAVIVEKA. – Philosophe *mâdhyamika* du VIᵉ siècle, fondateur de l'école *svâtantrika*.

BHIKSHU. – Moine pleinement ordonné dans la tradition monastique bouddhiste.

BODHICHITTA. – Aspiration à développer l'esprit d'éveil, c'est-à-dire la détermination à devenir bouddha pour le bien de tous les êtres.

BODHISATTVA. – Être qui s'est libéré du *samsâra*, a réalisé les qualités de l'éveil, mais renonce au *nirvâna* pour se consacrer, par compassion, à la libération de tous les êtres.

BOUDDHA. – Être éveillé.
1) Le bouddha historique, Shâkyamuni.
2) Tout esprit pleinement éveillé.

BUDDHAPÂLITA. – Philosophe *mâdhyamika* du Vᵉ siècle, fondateur de l'école *prâsanguika* à partir de son commentaire des écrits de Nâgârjuna.

CHAKRA. – Centre d'énergie du corps subtil de l'homme.

CHANDRAKÎRTI. – Philosophe *prâsanguika* du VIIIᵉ siècle, héritier de Buddhapâlita.

CHITTAMATRA (école de l'Esprit seul). – Système philosophique du Mahâyâna enseigné par le Bouddha lors de la troisième roue du Dharma, réfutant l'existence des phénomènes extérieurs.

DÂKINÎ. – Force inspiratrice de la conscience, représentée sous la forme d'une femme folle et nue, dont le rôle est d'intégrer les forces libérées par le méditant au cours de sa visualisation.

DHARMA. – 1) La loi, l'ordre cosmique ; 2) l'enseignement du Bouddha ; 3) les phénomènes.

DHARMAKÂYA. – Corps de vérité ou corps absolu, l'un des trois corps du Bouddha.

DZOGCHEN (« Grand Achèvement »). – Pratique de l'école *Nyingmapa* regroupant diverses méthodes pour atteindre la nature ultime de l'esprit.

GOUROU. – Maître spirituel.

GUÉLOUGPA (école des Vertueux). – École issue de la réforme de Tsongkhapa au XVe siècle, insistant sur la pureté monastique et les études philosophiques scolastiques.

HÎNAYÂNA (« Petit véhicule »). – Bouddhisme primitif composé des *shrâvaka* et des *pratyekabuddha*, dont l'idéal est de devenir *ahrat*, c'est-à-dire d'atteindre son propre salut, enseigné par le Bouddha lors de la première roue du Dharma. Voir *Theravada*.

KAGYUPA (école de la Parole du Bouddha). – École apparue au XIe siècle insistant sur la transmission orale.

KÂLACHAKRA (Roue du Temps). – Tantra introduit au Tibet au Xe siècle et rédigé par le roi mythique de Shambhala, comportant des éléments de chronologie et d'astronomie.

KÂMADHÂTU. – Monde du désir.

KARMA. – Principe de causalité, destinée des êtres résultant de leurs actions passées.

KASHYAPA. – L'un des grands disciples du Bouddha Shâkyamuni, premier patriarche de la doctrine.

KLESHA. – Facteur perturbateur et ses empreintes, constitué des émotions négatives qui sont à l'origine de la souffrance, principalement le désir, la haine, l'ignorance, l'orgueil et la jalousie.

LAMA. – Guide spirituel.

MÂDHYAMAKA (« Voie du milieu »). – École du Mahâyâna enseignée par le Bouddha lors de la deuxième roue du Dharma. Fondée par Nâgârjuna et Âryadeva, cette école est considérée comme la plus élevée car elle ne tombe ni dans l'éternalisme ni dans le nihilisme.

MAHÂYÂNA (« Grand Véhicule »). – Voie des bodhisattva, universelle et accessible à tous, mettant l'accent sur la compassion envers tous les êtres vivants et insistant sur la vacuité. Cette voie, correspondant à la deuxième et à la troisième roue du Dharma, est composée du *Soutrayâna* ou *Pâramitâyâna* (Véhicule des perfections basé sur les soutras) et du *Vajrayâna* (Véhicule adamantin qui ajoute aux soutras les tantras). Elle vise à atteindre l'état de Bouddha, non pas par la simple libération individuelle, mais pour le bien de tous les êtres.

MAITREYA. – Bouddha à venir.

MANDALA. – Représentation symbolique visuelle de l'univers d'une déité servant de support à la méditation et à l'initiation lors de cérémonies spéciales.

MAÑJUSHRÎ. – Bodhisattva incarnant la sagesse, la connaissance et l'intelligence. Avec son épée, il pourfend les ténèbres de l'esprit.

MANTRA (« Instrument de pensée »). – Formule rituelle composée de syllabes sanskrites, contenant généralement le nom d'un Bouddha et assurant un rôle de protection.

MANTRAYÂNA. – Véhicule des mantras secrets. Voir *Vajrayâna* et *Tantrayâna* (visualisation des divinités).

MARPA. – Célèbre yogi tibétain surnommé « le Traducteur », disciple de Naropa et maître de Milarépa, qui a joué un rôle essentiel dans la transmission de la doctrine *Kagyupa*.

MOKSHA. – Libération de la souffrance et du cycle des existences.

NÂDÎ. – Canal d'énergie, élément du système énergétique du corps humain.

NÂGÂRJUNA. – Maître *prâsanguika* des IIe et IIIe siècles, à l'origine des traités fondamentaux du *mâdhyamaka*, principal propagateur du Mahâyâna et fondateur du Vajrayâna.

NAROPA. – Grand maître indien du XIe siècle, disciple de Tilopa et maître de Marpa.

NYINGMAPA (école des Anciens). – École établie au VIIIe siècle, introduite au Tibet par Padmasambhava.

NIRMÂNAKÂYA. – Corps de manifestation d'un bouddha.

NIRVÂNA. – Libération ultime, éveil, extinction de toutes les causes de souffrance.

PRAJÑÂ. – Sagesse qui réalise la vacuité.

PRAJÑÂPÂRAMITÂ-SÛTRA. – Sermon de la perfection de sagesse, récité par les pratiquants du Mahâyâna.

PRÂSANGUIKA (conséquentialistes). – Système philosophique du Mahâyâna, sous-école du système *mâdhyamika*, qui réfute l'existence inhérente des phénomènes.

PRATYEKA-BUDDHA (« voie des bouddhas par eux-mêmes »). – *Ahrat* du petit véhicule qui obtient la libération par et pour lui-même.

PÛJÂ. – Cérémonie de pratique d'une déité avec offrande spirituelle ou matérielle destinée à marquer le respect et à renforcer la dévotion.

RÛPADHÂTU. – Monde de la forme.

RÛPAKÂYA. – Corps de la forme, corps physique du Bouddha.

SAKYAPA. – École fondée au XIᵉ siècle, du nom de son monastère d'origine, insistant sur la perfection des rituels et les études métaphysiques.

SAMÂDHI. – Concentration mentale, stabilisation de l'esprit.

SAMSÂRA. – Cycle des morts et des renaissances où règne la souffrance due à l'ignorance et aux émotions ; le monde tel que nous le vivons, la réalité telle que nous l'expérimentons.

SANGHA. – Communauté spirituelle des pratiquants du Dharma, moines et laïcs.

SAUTRÂNTIKA (école des Écritures). – Système philosophique du Hînayâna acceptant l'existence inhérente des phénomènes, admettant la notion de non-soi mais non celle de vacuité ; enseigné par le Bouddha lors de la première roue du Dharma.

SHAMATHA. – Calme mental, méditation contemplative issue de la pacification de l'esprit.

SHÎLA. – Préceptes, vœux.

SHRAVAKA (« voie des auditeurs »). – Pratiquants du Hînayâna qui écoutent les enseignements, les pratiquent et les transmettent.

SHUNYATA. – Vacuité désignant la non-réalité du soi et des phénomènes, qui n'ont pas de nature propre mais existent en interdépendance. Nature ouverte de la réalité, synonyme d'interdépendance, absence en tout phénomène d'entité, de permanence et d'autonomie.

SOUTRA (« fil conducteur »). – 1) Tout discours ou sermon du Bouddha transcrit par ses disciples ; 2) Enseignement exposant les méthodes pour réaliser l'esprit d'éveil et cultiver les six perfections, par opposition aux tantras.

SOUTRAYÂNA. – Véhicule des soutras ou Voie des perfections, correspondant à la deuxième roue du Dharma. Voir *Mahâyâna*.

SVÂTANTRIKA (« autonomistes »). – Système philosophique du Mahâyâna, sous-école du système *madhyamika*, réfutant l'existence inhérente des phénomènes mais acceptant qu'ils soient pourvus de caractéristiques propres ; enseigné lors de la deuxième roue du Dharma.

TANTRA (« trame »). – Pratique et enseignement ésotérique (rituels, règles de conduite et exercices de yoga) reposant sur des déités, archétypes symboliques de notre personnalité.

TANTRAYÂNA (« Véhicule tantrique », « voie des tantras »). – Ensemble des enseignements et des pratiques fondés sur les tantras (techniques sur les énergies et les centres vitaux du corps, et yoga des déités et des mandalas).
Véhicule des mantras secrets. Voir *Vajrayâna*, *Mantrayâna*.

THERAVÂDA (« doctrine des anciens »). – Bouddhisme des origines qui privilégie la voie monastique et met l'accent sur le comportement juste, la concentration et le renoncement pour éliminer les émotions perturbatrices et parvenir à l'éveil.
Voir *Hinayâna*, *Ahrat*.

TILOPA. – Un des grands maîtres du bouddhisme tantrique indien, qui vécut au Xe siècle et transmit ses méthodes à son disciple Naropa, lequel les répandit ensuite à travers le Tibet.

UPÂSAKA. – Disciple laïc qui accepte les Trois Refuges et prononce les Cinq Vœux.

VAIBHÂSHIKA (école de la Grande Exposition). – Système philosophique du Hînayâna, admettant la notion de non-soi mais non celle de la vacuité.

VAJRAYÂNA (« Véhicule de diamant »). – Enseignement secret ou ésotérique fondé sur les tantras, dont la vocation est de parvenir rapidement à l'éveil pour le bien de tous les êtres, grâce à des méthodes et techniques sophistiquées transmises de lignée en lignée depuis leur introduction au Tibet.

VINAYA-SÛTRA. – Soutra établissant les règles de la vie monastique.

VIPASHYANÂ (« vue profonde », « vue pénétrante »). – Compréhension de la vacuité de l'esprit, des phénomènes et des liens d'interdépendance qui régissent le bonheur et la souffrance ; forme de méditation analytique.

VIPASSANÂ. – Technique de méditation enseignée par le Bouddha et pratiquée dans la tradition Theravâda, qui consiste à acquérir la compréhension par la maîtrise de l'esprit en se fondant sur l'observation et la respiration.

Table des matières

de retraites ; la nature de la conscience ; les déités protectrices.

La dévotion au gourou ; les trois catégories de souffrance ; avantages de l'ordination ; la conception de la vacuité selon les différentes écoles du bouddhisme tibétain ; comment compléter la pratique de la méditation Vipassanâ ; analyse de la nature de l'esprit ; sens de l'initiation du Kâlachakra ; les différents types de déités protectrices ; des visites d'Occidentaux au Tibet ; karma et pauvreté ; la sensibilisation de l'opinion publique sur la situation au Tibet et rôle du Tibet pendant la Deuxième Guerre mondiale ; les chefs de lignées ; la situation des Indiens d'Amérique comparée à celle des Tibétains ; Bodhgaya.